# Italienske Delikatesser
# En Smagsoplevelse fra Italien

## Emilie Jensen

# Indhold

Gnocchi med spinat og kartofler ............................................................................ 7

Skaldyrsgnocchi med tomat og oliven sauce ...................................................... 11

Grøn gnocchi i pink sauce ..................................................................................... 15

Gnocchi med semulje ............................................................................................ 18

Abruzzo brødkugler ............................................................................................... 20

Pandekager fyldt med Ricotta .............................................................................. 24

Timbales fra Abruzzo pandekager med svampe ................................................ 27

Toscansk håndværker spaghetti med kødsovs .................................................. 31

Pizza med hvidløg og rasp .................................................................................... 34

semulje pastadej .................................................................................................... 36

Cavatelli fra Ragu .................................................................................................. 38

Cavatelli med løber og safran .............................................................................. 40

Cavatelli med rucola og tomater ......................................................................... 43

Orecchiette med svinekød .................................................................................... 45

Orecchiette med Broccoli Rabe ........................................................................... 47

Orecchiette med kål og tomater .......................................................................... 50

Orecchiette med pølse og kål ............................................................................... 52

Orecchiette med sværdfisk .................................................................................. 54

hvid risotto ............................................................................................................. 63

Safran risotto, Milanesisk stil .................................................................. 66

Risotto med asparges .............................................................................. 69

Risotto med rød peber ............................................................................. 72

Risotto med tomater og rucola ................................................................ 75

Risotto med rødvin og radicchio .............................................................. 78

Risotto med cremet kål ............................................................................ 82

citron risotto ............................................................................................ 85

spinat risotto ........................................................................................... 88

risotto med gylden zucchini .................................................................... 91

Venetiansk kikærterisotto ....................................................................... 94

Forårsrisotto ............................................................................................ 97

Risotto med tomater og skrifttyper ....................................................... 101

Risotto med rejer og selleri ................................................................... 104

Fisk og skaldyrsrisotto ........................................................................... 109

Lammestegt med kartofler, hvidløg og rosmarin ................................. 112

Lammelår med citron, krydderurter og hvidløg ................................... 114

Græskar fyldt med stuvet lam ............................................................... 116

Kanin med hvidvin og krydderurter ...................................................... 118

Kanin med oliven ................................................................................... 121

Kanin i Porchetta stil ............................................................................. 123

Kanin med tomater ............................................................................... 126

Sød og sur ristet kanin .......................................................................... 128

Kanin skal steges med kartofler .................................................................................. 131

marinerede artiskokker ............................................................................................ 134

romerske artiskokker ................................................................................................ 136

kogte artiskokker ....................................................................................................... 138

Artiskokker i jødisk stil ............................................................................................. 140

Rumænske forårsgrøntsager ................................................................................... 142

Sprøde artiskokhjerter .............................................................................................. 144

fyldte artiskokker ....................................................................................................... 146

Fyldte artiskokker i siciliansk stil ........................................................................... 148

Asparges "i en gryde" ................................................................................................ 151

Asparges med olivenolie og eddike ....................................................................... 153

Asparges med citronsmør ........................................................................................ 155

Asparges med forskellige saucer ............................................................................ 157

Asparges med Kefir og Æggedressing ................................................................... 159

Asparges med parmesan og smør .......................................................................... 161

Asparges og prosciutto wraps ................................................................................. 163

Bagte asparges ............................................................................................................ 165

Asparges i Zabaglioni ................................................................................................ 167

Asparges med taleggio og pinjekerner .................................................................. 169

asparges tymbaler ...................................................................................................... 171

Bønner i landlig stil ................................................................................................... 173

Toscanske bønner ....................................................................................................... 175

bønnesalat .................................................................................................................... 178

Bønner og kål .............................................................................................................. 180

Tomater og bønner i traditionel sauce ................................................................... 182

ærteblomst .................................................................................................................. 184

Bønner med krydrede grøntsager ........................................................................... 186

Friske bønner i romersk stil ..................................................................................... 188

Friske umbriske bønner ............................................................................................ 190

Broccoli med olivenolie og citron ........................................................................... 192

Broccoli i parma-stil .................................................................................................. 194

Broccoli Rabe med hvidløg og peberfrugter ......................................................... 196

broccoli ....................................................................................................................... 198

Broccoli Rabe Bites .................................................................................................... 200

Broccoli Rabe med bacon og tomater .................................................................... 202

Små grøntsagskager .................................................................................................. 204

stegt kål ....................................................................................................................... 206

Kålpuré ........................................................................................................................ 208

stegt kål ....................................................................................................................... 210

druknede .................................................................................................................... 211

Kål med persille og løg ............................................................................................. 213

*Gnocchi med spinat og kartofler*

*Gnocchi med kartofler og spinat*

**Tilbereder 6 måltider**

*Selvom det ikke ofte gøres i Italien, kan jeg nogle gange godt lide at servere gnocchi med gryderet eller gullasch. De absorberer saucen meget godt og er en fin afveksling fra kartoffelmos eller polenta. Prøv disse gnocchi (uden sauce og ost) som tilbehørRomaine otte gullaschELLEROksekød fra Friuli.*

1 1/2 kg bagekartofler

1 pose (10 ounce) spinat, hakket

Salt

2 kopper universalmel, mere til fremstilling af gnocchi

1 stort æg

   1-2 kopper<u>Hvidløg og salvie sauce</u>

1 kop revet Parmigiano-Reggiano

1. Læg kartoflerne i en stor gryde med koldt vand for at dække dem. Dæk gryden til og bring det i kog. Bages, indtil kartoflerne er møre, når de gennembores med en kniv, cirka 20 minutter.

**smelte**Læg spinaten i en stor gryde med 1-2 kopper vand og salt efter smag. Dæk til og kog indtil spinaten er mør, cirka 2-3 minutter. Dræn spinaten og lad den køle af. Læg spinaten på et køkkenrulle og pres væsken ud. Skær spinaten meget tyndt.

3. Mens kartoflerne stadig er lune, skrælles de og skæres i ottendedele. Vask kartoflerne i en mad- eller melmølle eller i hånden med en kartoffelmoser. Tilsæt spinat, æg og 2 tsk salt. Tilsæt 11/2 dl mel indtil det er blandet. Dejen bliver stiv.

**fire.**Læg kartoflerne på. Ælt kort, mens resten tilsættes for at skabe en blød dej, så gnocchierne holder formen, når de er kogt, men ikke er for tunge. Dejen skal være lidt klistret. Selvfølgelig, kog en lille gryde vand og tilføj et stykke dej som en test. Kog indtil gnoccoen flyder til toppen. Hvis dejen begynder at løsne sig, tilsæt mere mel. Ellers er kagen fin.

5. Stil dejen til side et stykke tid. Skrab brættet for at fjerne eventuelle resterende dej. Vask og tør dine hænder, og drys derefter med mel. Læg en eller to store tallerkener og drys med mel.

6. Del dejen i 8 stykker. Dæk med den resterende dej og rul det ene stykke til et langt reb, der er cirka 3-4 centimeter tykt. Skær rebet i 1-2 tommer stykker.

7. For at forme dejen skal du holde en gaffel i den ene hånd med siderne nedad. Rul med tommelfingeren på den anden hånd hvert stykke dej mod tandstikkerne, tryk let for at skabe en fordybning på den ene side og en fordybning på den anden. Læg gnocchi i forberedte skåle. Delene må ikke røre hinanden. Gentag med den resterende dej.

8. Stil gnocchierne på køl, indtil de skal tilberedes. .

9. Forbered saucen. For at tilberede gnocchi, bring en stor gryde vand i kog. Tilsæt salt efter smag. Skru ned for varmen, så vandet kan koge forsigtigt. Udblød halvdelen af

gnocchierne i vand. Når gnocchien flyder til toppen, koges den i cirka 30 sekunder. Fjern gnocchierne fra gryden med en hulske og dryp dem godt af.

10. Forbered en opvarmet flad serveringsfad. Hæld et tyndt lag varm sauce i gryden. Tilsæt gnocchi og bland forsigtigt. Kog de resterende gnocchi på samme måde. Hæld sauce over og drys med ost. Serveres varm.

*Skaldyrsgnocchi med tomat og oliven sauce*

*Fiskegnocchi med oliven sauce*

**Tilbereder 6 måltider**

*På Sicilien serveres kartoffelgnocchi nogle gange alene eller sammen med andre delikate fisk. Jeg serverer dem med en lidt krydret tomatsauce, men en smør- og urtesauce ville også være brugbar. Denne pasta behøver ikke ost.*

1 pund bagte kartofler

1 1/4 kop olivenolie

1 lille løg, skåret i tynde skiver

1 fed hvidløg

12 ounce enkelt eller anden mør hvid fisk, skåret i 2-tommers stykker

1 1/2 kop tør hvidvin

Salt og friskkværnet sort peber

1 stort æg

2 kopper universalmel

**Dyb**

1 1/4 kop olivenolie

1 forårsløg, hakket

2 ansi fileter

1 spiseskefuld sort olivenpasta

2 kopper friske flåede, frøede og hakkede tomater eller importerede italienske tomater på dåse, tørrede og hakkede

2 spsk hakket frisk persille

Salt og friskkværnet sort peber

1. Læg kartoflerne i koldt vand for at dække dem. Bring i kog og kog indtil de er møre, når de er gennemboret med en kniv. Si og afkøl.

**smelte**I en mellemstor gryde steges løg og hvidløg i olivenolie ved middel varme i 5 minutter, indtil løget er blødt. Tilsæt fisken og kog i 1 minut. Tilsæt vin, salt og peber efter smag. Kog indtil fisken er mør og det meste af væsken er fordampet, cirka 5 minutter. Lad det køle af, og purér derefter grydens indhold i en foodprocessor eller blender. Purér indtil glat.

3.Dæk store skåle med aluminiumsfolie eller plastfolie. Læg kartoflerne gennem en foodprocessor eller i en stor skål. Tilsæt fiskepasta og æg. Tilsæt gradvist mel og salt, ælt en let klistret dej. Ælt indtil glat og godt kombineret.

**fire.**Del dejen i 6 stykker. Dæk med den resterende dej og rul det ene stykke til et langt reb, der er cirka 3-4 centimeter tykt. Skær rebet i 1-2 tommer stykker.

5.For at forme dejen skal du holde en gaffel i den ene hånd med siderne nedad. Rul med tommelfingeren på den anden hånd hvert stykke dej mod tandstikkerne, tryk let for at skabe en fordybning på den ene side og en fordybning på den anden. Læg gnocchi i forberedte skåle. Delene må ikke røre hinanden. Gentag med den resterende dej.

6. Stil gnocchierne på køl, indtil de skal tilberedes. .

7. Til saucen kombineres olie og forårsløg i en stor gryde. Tilsæt ansi-fileterne og kog indtil ansi er smeltet, cirka 2 minutter. Tilsæt olivenpasta, tomater og persille. Smag til med salt og peber og kog i 8-10 minutter, indtil tomatsaucen tykner lidt. Overfør halvdelen af saucen til en stor, varm skål og server.

8. Tilbered gnocchi: Kog vand i en gryde. Tilsæt salt efter smag. Skru ned for varmen, så vandet kan koge forsigtigt. Udblød halvdelen af gnocchierne i vand. Når gnocchien flyder til toppen, koges den i cirka 30 sekunder. Fjern gnocchierne fra gryden med en hulske og dryp dem godt af. Læg gnocchien på en tallerken. Kog de resterende gnocchi på samme måde. Tilsæt den resterende sauce og bland forsigtigt. Server straks.

*Grøn gnocchi i pink sauce*

*Gnocchi Verdi i Rossa Sauce*

**Tilbereder 6 måltider**

*Jeg spiste først disse frikadeller i Rom, men Emilia-Romagna og Toscana er mere typiske. De er lettere end kartoffelgnocchi, og de små grøntsager giver dem tekstur, så du ikke behøver at forme dem med frikadeller. For en forandring, prøv at sprøjte<u>Hvidløg og salvie sauce</u>.*

3 kopper<u>Pink sauce</u>

1 kilo spinat, med stilke fjernet

1 pund mangold i tern

1 1/4 kop vand

Salt

2 spsk usaltet smør

1 1/4 kop finthakket løg

1 kilo helt eller delvist skummet ricotta

2 store æg

1 1/2 kop revet Parmigiano-Reggiano

1 1/4 tsk jordnødder

friskkværnet sort peber

1 1/2 dl universalmel

1. Forbered saucen. Kom derefter både grøntsager, vand og salt sammen i en stor gryde. Kog i 5 minutter eller indtil de er bløde og luftige. Si og afkøl. Læg grøntsagerne i et køkkenrulle og tryk dem for at fjerne væsken. God person.

**smelte**I en mellemstor gryde smeltes olien over medium varme. Tilsæt løget og steg under omrøring af og til, indtil det er brunet, cirka 10 minutter.

3. I en stor skål kombineres ricotta, æg, 1 kop Parmigiano-Reggiano, valnødder og salt og peber efter smag. Tilsæt løg og hakkede grøntsager og bland godt. Rør melet i, indtil det er godt blandet. Dejen bliver blød.

**fire.**Beklæd brødet med bagepapir eller vokspapir. Fugt dine hænder med koldt vand. Tilsæt en skefuld dej. Form forsigtigt til en 3/4-tommer kugle. Læg kuglen på en bageplade. Gentag med den resterende dej. Dæk med folie og stil på køl, indtil klar til at lave mad.

**5.**Kog mindst 4 liter vand. Tilsæt salt efter smag. Skru lidt ned for varmen. Tilsæt halvdelen af gnocchierne ad gangen. Når det flyder til overfladen, koges det i yderligere 30 sekunder.

**6.**Hæld halvdelen af den varme sauce i et varmt serveringsfad. Fjern gnocchierne med en ske og dryp dem godt af. Tilføj til kilde. Dæk til og hold varmen, mens du koger resten af gnocchierne på samme måde. Hæld resten af saucen og osten i. Serveres varm.

*Gnocchi med semulje*

*Gnocchi alla Romana*

**Spiser 4-6 måltider**

*Kog sandet helt op med væsken. Hvis ikke, smelter dejen i stedet for at beholde formen under tilberedningen. Men selvom det sker, vil det smage lækkert.*

2 kopper mælk

2 kopper vand

1 kop fin semulje

2 teskefulde salt

4 spiseskefulde usaltet smør

smelte3 kopper revet Parmigiano-Reggiano

2 æggeblommer

1. I en mellemstor gryde opvarmes mælken og 1 kop vand over medium varme, indtil det simrer. Bland sandet med

den resterende 1 kop vand. Hæld blandingen i væsken. Tilsæt salt. Rør konstant, indtil blandingen koger. Reducer varmen og lad det simre i 20 minutter, eller indtil blandingen er meget tyk.

**smelte**Tag gryden af varmen. Tilsæt 2 spsk smør og halvdelen af osten. Pisk hurtigt æggeblommerne.

**3.**Fugt brødkrummerne let. Hæld sandet i gryden og fordel det med en jernspatel til en tykkelse på 1-2 tommer. Lad den køle af, og stil den derefter på køl i en time eller op til 48 timer.

**fire.**Sæt risten i midten af ovnen. Forvarm ovnen til 400°F og bag et 13 x 9 x 2 tommer brød.

**5.**Nedsænk en småkage eller 11/2-tommers kageudstikker i koldt vand. Skær jordbærrene i skiver og læg stykkerne i den tilberedte bageform, og juster dem lidt.

**6.**Smelt de resterende 2 spsk olie i en lille gryde og hæld gnocchien over. Drys med den resterende ost. Bages i 20-30 minutter eller indtil de er gyldenbrune og boblende. Afkøl i 5 minutter før servering.

*Abruzzo brødkugler*

*Polpette di Pane al Sugo*

**Tilbereder måltider fra 18:00 til 20:00**

Da jeg besøgte vingården Orlandi Contucci Ponno i Abruzzo, smagte jeg deres fremragende vine, herunder hvid Trebbiano d'Abruzzo og rød Montepulciano d'Abruzzo, samt forskellige blandinger. Sådanne gode vine fortjener et godt måltid, og vores frokost skuffede ikke, især pocherede æg i tomatsauce, ost og brød. Jeg har aldrig prøvet dette før, men lidt forskning viser, at disse "kødfri kødboller" også er populære i andre regioner i Italien, såsom Calabria og Basilicata.

Kokken i kælderen fortalte mig, at han lavede skorpen af mollicabrød og indersiden uden skorpen. Jeg laver dem med brød. Det italienske brød, jeg køber her, er ikke så hårdt som italiensk brød, så skorpen giver svampene ekstra tekstur.

Hvis du planlægger at lave dem i forvejen, så hold frikadeller og sauce adskilt indtil videre, så frikadellerne ikke suger for meget sauce op.

1 ounce italiensk eller fransk brød, skåret i 1-tommers stykker (ca. 8 kopper)

2 kopper koldt vand

3 store æg

1 1/2 kopper revet Pecorino Romano, plus mere til servering

1 1/4 kop hakket frisk persille

1 fed hvidløg, finthakket

vegetabilsk olie til stegning

**Dyb**

1 mellemstor løg, skåret i tynde skiver

1 1/2 kop olivenolie

Blancher 2 dåser (28 ounce) italienske tomater med skind på i vand

1 lille tørret peoncino, hakket eller en knivspids kværnet rød peber

Salt

6 blade frisk basilikum

1. Skær brødet i små stykker eller kværn i en foodprocessor til brødet er smuldret. Udblød brødet i vand i 20 minutter. Tryk på brødet for at fjerne overskydende vand.

**smelte**I en stor skål piskes æg, ost, persille og hvidløg med en knivspids salt og peber efter smag. Tilsæt brødkrummer og bland meget godt. Hvis blandingen virker tør, tilsæt endnu et æg. Bland godt. Form blandingen til kugler på størrelse med en golfbold.

3. Hæld nok olie til at nå en dybde på 1-2 tommer i en stor, tung stegepande. Varm brødblandingen op ved middel varme, indtil en dråbe dej er absorberet af olien.

**fire.**Tilsæt suppen til gryden og kog, vend forsigtigt, indtil den er brunet på alle sider, cirka 10 minutter. Dræn kuglerne på køkkenrulle.

5. For at lave saucen, steg løget i olivenolie ved middel varme i en stor gryde, indtil det er blødt. Tilsæt tomater,

peboncino og salt efter smag. Kog ved lav varme i 15 minutter eller indtil den er lidt tyk.

6. Tilsæt brødkuglerne og bland med saucen. Kog ved svag varme i yderligere 15 minutter. Drys med basilikum. Server med ekstra ost.

*Pandekager fyldt med Ricotta*

Manicotti

**Tilbereder måltider fra 18:00 til 20:00**

*Selvom de fleste kokke bruger pastarør til at lave manicotti, er dette min mors familieopskrift på napolitanske pandekager. Færdiglavede dumplings er lettere end dem, der er lavet af pasta, og nogle kokke gør det nemmere at lave dumplings fra pandekager.*

3 kopper<u>Napolitansk ragout</u>

**pandekager**

1 Multi-purpose mel

1 kop vand

3 æg

1 1/2 tsk salt

Vegetabilsk olie

**Fylde**

2 kg hel eller delvist skummet ricotta

4 ounce frisk mozzarella, strimlet eller strimlet

1½ kopper revet Parmigiano-Reggiano

1 stort æg

2 spsk hakket frisk persille

Et nyt sted at prøve er sort peber

Spidsen af en saltkniv

1½ kopper revet Parmigiano-Reggiano

1. Forbered dig på lodtrækningen. Bland derefter pandekageingredienserne i en stor skål, indtil det er glat. Dæk til og stil på køl i 30 minutter eller længere.

**smelte**Opvarm en 6-tommer nonstick stegepande eller omeletpande over medium varme. Smør panden let. Hold gryden i den ene hånd og hæld ca. 1/3 kop pandekagedej i. Løft straks gryden og vend den om, så bunden er helt dækket af tynd dej. Hæld overskydende dej fra. Kog i et minut eller indtil pandekagens kanter er brune og hæver sig fra panden. Vend pandekagen og brun den anden side let med fingrene. Kog i yderligere 30 sekunder eller indtil gyldenbrun.

3. Læg den kogte pandekage på en tallerken. Form pandekager af den resterende dej og stabel dem oven på hinanden.

fire. Til fyldet blandes alle ingredienser i en stor skål, indtil de er blandet.

5. Spred et tyndt lag sauce i en 13 x 9 x 2-tommers bageform. Hæld nok til at fylde pandekagerne. Fordel 1-2 kopper fyld langs den ene side af pandekagen. Rul pandekagen til en kugle og læg den på en bageplade. Fortsæt med at fylde og rulle de resterende pandekager. Tilføj yderligere sauce med en ske. Drys med ost.

6. Sæt risten i midten af ovnen. Forvarm ovnen til 350 ° F. Bages i 30-55 minutter, eller indtil saucen tykner og manicotti er opvarmet. Serveres varm.

*Timbales fra Abruzzo pandekager med svampe*

Timballo di Scrippelle

**Tilbereder 8 måltider**

*En ven fra Teramo i Abruzzo-regionen, hvis bedstemor huskede de lækre pandekager med svampe og ost, som hendes mor lavede til ferien. Her er min version af denne opskrift, tilpasset fra bogen Slow Food Editore Ricette di Osteria d'Italia. Ifølge bogen opstod crepes i det 17. århundrede, hvor franske kokke introducerede det berømte crepe-køkken til regionen.*

21/2 kop<u>Toscansk tomatsauce</u>

**pandekager**

5 store æg

11/2 for vand

1 tsk salt

11/2 dl universalmel

vegetabilsk olie til stegning

**Fylde**

1 kop tørrede svampe

1 kop varmt vand

1 1/4 kop olivenolie

1 kg friske hvide svampe, vasket og skåret i tykke skiver

1 fed hvidløg, finthakket

2 spsk frisk fladbladet persille

Salt og friskkværnet sort peber

12 ounce frisk mozzarella, trimmet og skåret i 1-tommers stykker

1 kop revet Parmigiano-Reggiano

1. Forbered tomatsaucen. I en stor skål blandes pandekageingredienserne, indtil de er glatte. Dæk til og stil på køl i 30 minutter eller længere.

**smelte**Opvarm en 6-tommer nonstick stegepande eller omeletpande over medium varme. Smør panden let. Hold gryden i den ene hånd og hæld ca. 1/3 kop pandekagedej i. Løft straks gryden og vend den om, så bunden er helt dækket af tynd dej. Hæld overskydende dej fra. Kog i 1 minut eller indtil kanterne af pandekagerne er brune og løft af panden. Vend pandekagen og brun den anden side let med fingrene. Kog i yderligere 30 sekunder eller indtil gyldenbrun.

3.Læg den kogte pandekage på en tallerken. Gentag at lave pandekagerne med den resterende dej, og stable den ene oven på den anden.

**fire.**For at forberede fyldet skal du lægge de tørrede svampe i blød i vand i 30 minutter. Fjern svampene og gem væsken. Skyl svampene under koldt vand for at fjerne eventuelt sand, og vær særlig opmærksom på enderne af stilkene, hvor snavs samler sig. Skær svampene i store stykker. Si svampevæsken gennem et papirkaffefilter ned i en skål.

5.Varm olien op i en stor gryde. Tilsæt svampe. Steg i 10 minutter, indtil svampene er brune. Tilsæt hvidløg, persille, salt og peber efter smag. Kog indtil hvidløg er gyldenbrune, cirka 2 minutter mere. Tilsæt tørrede svampe og væske. Kog i 5 minutter eller indtil det meste af væsken er fordampet.

**6.** Sæt risten i midten af ovnen. Forvarm ovnen til 375 ° F. Hæld tomatsauce i en 13 x 9 x 2 tommer bageform. Lav flere overlappende lag crepepapir. Fortsæt med at lægge svampe, mozzarella, sauce og ost i lag. Gentag lagene, tilsæt pandekager, sauce og revet ost.

**7.** Bages i 45-60 minutter eller indtil saucen tykner. Stil til side i 10 minutter før servering. Skær i firkanter og server lun.

*Toscansk håndværker spaghetti med kødsovs*

*Pici al Ragu*

**Tilbereder 6 måltider**

*Typer af håndlavet sej pasta er populære i Toscana og dele af Umbrien, normalt med en kød-ragu-sauce. Pasta hedder pici eller pinci og kommer af ordet appicciata, som betyder "at smøre på hånden".*

*Jeg lærte at lave mad på restauranten La Chiusa i Montefollonico, hvor kokken kommer til hvert bord og viser gæsterne, hvordan man laver mad. Selvom det tager tid, er det meget nemt at lave.*

3 kopper universalmel og mere til at lave dejen

Salt

1 spsk olivenolie

Cirka 1 kop vand

    6 kopper<u>Toscansk kødsauce</u>

1/2 kopper revet Parmigiano-Reggiano

1. Kom melet og 1-2 tsk salt i en stor skål og bland. Hæld olivenolie i midten. Begynd at blande blandingen, og tilsæt gradvist vand, indtil dejen samles og danner en kugle. Vend dejen ud på en let meldrysset overflade og ælt til den er blød og elastisk, cirka 10 minutter.

**smelte**Rul dejen til en kugle. Dæk med låg og stil til side i 30 minutter.

3. Drys en stor tallerken med mel. Del dejen i fire dele. Ælt en fjerdedel af dejen og dæk resten. Skær i små stykker på størrelse med en valnød.

**fire.**På en let meldrysset overflade ruller du hvert stykke dej ud i tynde strimler, cirka 1/8 tomme tykke. Sæt lidt mellemrum mellem de forberedte bageplader. Gentag med den resterende dej. Stil brødet til side til hævning i cirka 1 time.

5. Tilbered imens saucen. Kog derefter 4 liter vand i en stor gryde. Tilsæt salt efter smag. Tilsæt purløg og kog indtil al dente, blødt men fast. Bland pastaen med saucen og kom

den i en stor, opvarmet skål. Drys med ost og bland igen. Serveres varm.

*Pizza med hvidløg og rasp*

*Briciol og Pici*

**Spiser 4-6 måltider**

*Denne ret kommer fra La Fattoria, en hyggelig restaurant ved søen nær etruskiske Chiusi.*

£1<u>Toscansk håndværker spaghetti med kødsovs</u>, trin 1-6

¹1/2 kop olivenolie

4 fed hvidløg

¹1/2 kop tørre brødkrummer

¹1/2 kop friskrevet Pecorino Romano

1. Forbered pastaen. I en gryde, der er stor nok til at rumme al pastaen, opvarmes olien over medium varme. Knus hvidløgsfeddene let og kom dem i gryden. Kog indtil hvidløget bliver gyldent, cirka 5 minutter. Lad det ikke brune. Fjern hvidløget fra gryden og tilsæt rasp. Kog indtil kammuslingerne er gyldenbrune, cirka 5 minutter.

**smelte**Imens koger du mindst 4 liter vand. Tilsæt pasta og 2 spsk salt. Bland godt. Kog ved høj varme, indtil pastaen er al dente, blød, men stadig sej. Hæld pastaen i.

3.Kom pastaen i gryden med brødkrummerne og bland godt ved middel varme. Drys med ost og bland igen. Server straks.

*semulje pastadej*

## Den vejer omkring 1 kilogram

*Durumhvede semuljemel bruges til at fremstille forskellige typer pasta i det sydlige Italien, især i Puglia, Calabria og Basilicata. Disse nudler er seje, når de koges og passer godt sammen med stærke kød- og grøntsagssaucer. Dejen er meget stiv. Den kan startes manuelt, men det er en svær øvelse. Jeg foretrækker at bruge en foodprocessor eller kraftig røremaskine til at tykne blandingen, ælte lidt i hånden for at sikre, at konsistensen er rigtig.*

11/2 dl fint semuljemel

1 kop universalmel, mere til bagning

1 tsk salt

Cirka 2-3 glas varmt vand

1. Kombiner de tørre ingredienser i skålen med en kraftfuld foodprocessor eller ståmixer. Tilsæt vand for at lave en stiv, klistret dej.

**smelte**Læg dejen på en let meldrysset overflade. Ælt indtil glat, cirka 2 minutter.

**3.**Dæk dejen med en tallerken og stil til side i 30 minutter. Mel med to store skåle brødmel.

**fire.**Del dejen i 8 stykker. Arbejd et stykke ad gangen, og dæk de resterende stykker med beholderen på hovedet. Rul dejdelen til et langt reb, cirka 1-2 centimeter tykt. Form dejen til cavatelli eller orrecchiette efter opskriftenCavatelli fra Ragumedicinske recepter.

*Cavatelli fra Ragu*

Cavatelli fra Ragu

**Tilbereder måltider fra 18:00 til 20:00**

*Pastafremstillingsudstyrsbutikker og kataloger sælger ofte enkelttrådsmaskiner. Som en gammel kødhakker. Han trykker dem ind i græskaret, stikker den ene ende af dejen ind i den ene ende, drejer håndtaget og ud af den anden ende kommer veltilberedte cavatelli. Partiet af denne dej er ret kort, men jeg har ikke noget imod, hvis jeg laver den i ny og næ.*

*Når du danner cavatelli, skal du arbejde på en træoverflade eller anden ru struktur. Den ru overflade vil indeholde stykker af pastadej, så du kan fjerne dem med en kniv i stedet for at flytte dem rundt, som du ville gøre på en glat, flad bordplade.*

[pølsegulasch](...)ELLER[Siciliansk tomatsauce](...)

£1[semulje pastadej](...)Forberedt i trin 4

Salt

1. Tilbered suppe eller sauce. Bag 2 brød drysset med mel.

**smelte**Skær dejen i 1-2 cm stykker. Hold det lille blad på kniven og din pegefinger på den afrundede spids af kniven. Vend kageudstikkeren og tryk og træk forsigtigt hvert stykke dej for at skabe en skorpe.

3.Fordel stykkerne i de forberedte pander. Gentag med den resterende dej. (Hvis du ikke skal bruge cavatellien i en time, skal du lægge beholderne i fryseren. Når stykkerne er faste, læg dem i en plastikpose og luk tæt. Må ikke optøs før tilberedning).

**fire.**For at lave mad skal du bringe fire liter koldt vand i kog over høj varme. Tilsæt cavatelli og 2 spsk salt. Rør af og til, indtil pastaen er blød, men stadig let sej.

5.Dræn cavatellien og hæld den i en skål til servering varm. Bland med sauce. Serveres varm.

*Cavatelli med løber og safran*

*Cavatelli fra Sugo di Calamari*

**Tilbereder 6 måltider**

*Den let seje konsistens af pastaen komplementerer elasticiteten af cavatelli i denne sicilianske opskrift. Saucen opnår sin glatte og fløjlsbløde konsistens takket være en blanding af mel og olivenolie, og dens smukke gule farve skylder safran.*

1 tsk safranstilk

2 spsk varmt vand

1 mellemstor løg, skåret i tynde skiver

2 fed hvidløg, meget fint hakket

5 spiseskefulde olivenolie

1 lb netto_glide_Skær i 1-2 tommer ringe

1 1/2 kop tør hvidvin

Salt og friskkværnet sort peber

1 spiseskefuld mel

1 kilo frisk eller frossen kål

1 1/4 kop hakket frisk persille

Ekstra jomfru oliven olie

1. Knus zafa i varmt vand og gem.

**smelte**I en gryde, der er stor nok til at rumme al pastaen, steges løg og hvidløg i 4 spsk olie, indtil løget er let brunet, cirka 10 minutter. Tilsæt blæksprutten og kog indtil blæksprutten er gennemsigtig, cirka 2 minutter. Tilsæt vin, salt og peber efter smag. Bring det i kog og lad det simre i 1 minut.

3. Bland melet med den resterende spiseskefuld olie. Tilsæt slipblanding. Kog det. Tilsæt safranblandingen og kog i yderligere 5 minutter.

**fire.**Imens koger du mindst 4 liter vand. Tilsæt pasta og 2 spsk salt. Bland godt. Kog ved høj varme, indtil pastaen er blød, men let kogt. Dræn pastaen, gem lidt af kogevandet.

5. I gryden blandes pastaen med panden. Hvis blandingen virker tør, tilsæt lidt kogevand. Tilsæt persille og bland godt. Fjern fra varmen og dryp med lidt ekstra olivenolie. Server straks.

*Cavatelli med rucola og tomater*

*Cavatelli med Rughetta og Pomodori*

**Spiser 4-6 måltider**

*Rucola er bedre kendt som en grøn salat, men i Puglia tilberedes den ofte eller, som i denne opskrift, tilsættes den i sidste øjeblik til en varm suppe eller pastaret. Jeg elsker den lække, nærende smag, det tilføjer.*

1 1/4 kop olivenolie

2 fed hvidløg, finthakket

2 pund modne blommetomater, skrællede, frøet og skåret i tern, eller 1 dåse (28 ounce) italienske tomater med juice

Salt og friskkværnet sort peber

1 kilo frisk eller frossen kål

1 2 kopper hakket ricotta eller Pecorino Romano salat

1 stor rucola, trimmet og skåret i tern (ca. 2 kopper)

**1.** I en stor stegepande, der er stor nok til at rumme alle ingredienserne, steges hvidløget i olien ved medium varme, indtil det er gyldent brunt, cirka 2 minutter. Tilsæt tomater, salt og peber efter smag. Bring saucen i kog, og lad den simre i 20 minutter, indtil den er tyk.

**smelte**Kog mindst 4 liter vand. Tilsæt pasta og salt efter smag. Bland godt. Kog ved høj varme til pastaen er blød. Dræn pastaen, gem lidt af kogevandet.

**3.** Tilsæt halvdelen af osten og pastaen til tomatsaucen. Tilsæt rucola og bland godt. Hvis pastaen virker for tør, tilsæt lidt kogevand. Drys med den resterende ost og server med det samme.

*Orecchiette med svinekød*

*Orecchiette fra Ragù di Maiale*

**Tilbereder måltider fra 18:00 til 20:00**

*Min veninde Dora Marzovilla kommer fra Rutigliano nær Bari. Han er en ekspert pasta maker, og jeg lærte meget af at se ham. Der findes en speciel træpastasad, der udelukkende bruges til fremstilling af pasta. Mens Dora laver mange nye pastaer, herunder gnocchi, cavatelli, ravioli og maloreddus, er hendes specialitet sardinske gnocchi på familiens New York-restaurant, I Trulli.*

*At forberede orecchiette ligner meget at forberede cavatelli. Den største forskel er, at pastaskallen har en mere åben kuppelform, i modsætning til formen af en frisbee eller, i den italienske fantasi, de små ører, som den har fået sit navn fra.*

   1 opskrift<u>semuljekage</u>

   3 kopper<u>Svinekød med friske krydderurter</u>

1 1/2 kop friskrevet Pecorino Romano

1. Forbered brødet og dejen. Bag 2 store brød mel. Skær dejen i 1-2 cm stykker. Hold det lille blad på kniven og din pegefinger på den afrundede spids af kniven. Flad hvert stykke dej ud med spidsen af en kniv, tryk forsigtigt og træk i dejen til en skive. Rul hver skive på spidsen af din tommelfinger, så du får en kuppelform.

**smelte**Fordel stykkerne i de forberedte pander. Gentag med den resterende dej. .

3. Kog mindst 4 liter vand. Tilsæt pasta og salt efter smag. Bland godt. Kog ved høj varme, indtil pastaen er al dente, blød, men stadig sej. Dræn pastaen, gem lidt af kogevandet.

**fire.**Tilsæt pastaen til raguen. Tilsæt osten og bland godt, tilsæt lidt kogevand, hvis saucen er for tyk. Server straks.

*Orecchiette med Broccoli Rabe*

*Orecchiette med Cime di Havtaske*

**Spiser 4-6 måltider**

*Det er praktisk talt den officielle ret i Puglia, og den smager ikke bedre nogen steder. Nogle gange kræver det broccoli rabe, også kaldet rapini, men du kan også bruge majroer, grønkål eller almindelig broccoli. Broccoli rabe har lange stængler og blade og en let bitter smag, madlavning blødgør og mildner bitterheden.*

1 bundt broccoli rabe, skåret i 1-tommers stykker (ca. 1 1/2 pund)

Salt

1 3 kopper olivenolie

4 fed hvidløg

8 esser

malet rød peber pulver

1 kilo frisk oreciette eller cavatelli

1.Hæld en gryde vand. Krydr broccoli rabe og salt efter smag. Kog broccolien i 5 minutter, og tilsæt derefter vand. Det burde stadig være svært.

**smelte**Tør gryden. Varm olie og hvidløg op ved middel varme. Tilsæt anis og rød peber. Når hvidløget er gyldent tilsættes broccoli-rabe. For at overtrække broccolien med olie, bland godt og kog i cirka 5 minutter.

3.Kog mindst 4 liter vand. Tilsæt pasta og salt efter smag. Bland godt. Kog ved høj varme, indtil pastaen er al dente, blød, men stadig sej. Dræn pastaen, gem lidt af kogevandet.

**fire.**Tilsæt pastaen til broccoli-raben. Kog i 1 minut eller indtil pastaen er godt blandet. Tilsæt eventuelt lidt kogevand.

**Lave om:**Fjern ankre. Server med pasta drysset med ristede mandler eller revet Pecorino Romano.

**Lave om:** Fjern ankre. Fjern tarme fra 2 italienske pølser. Skær kødet og steg med hvidløg, peber og broccoli. Serveret drysset med Pecorino Romano.

*Orecchiette med kål og tomater*

*Orecchiette med Cavolfiore og Pomodori*

**Spiser 4-6 måltider**

*En slægtning fra Sicilien lærte mig at lave denne pasta, men den spises også i Puglia. Hvis du vil, kan du erstatte rasperne med revet ost.*

1/3 kopper plus 2 spiseskefulde olivenolie

1 fed hvidløg, finthakket

3 pund blommetomater, skrællet, frøet og hakket, eller 1 dåse (28 ounce) italienske tomater med juice, i tern;

1 mellemstor kål, skåret og skåret i buketter

Salt og friskkværnet sort peber

3 spiseskefulde tørre brødkrummer

2 anioner, trimmet (valgfrit)

1 kg frisk oreta

1. I en stor stegepande, der er stor nok til at rumme alle ingredienserne, steges hvidløget i 1-2 kopper olivenolie ved middel varme, indtil det er brunet. Tilsæt tomater, salt og peber efter smag. Bring det i kog og lad det simre i 10 minutter.

**smelte**Tilsæt kål. Dæk til og bag til butternut squashen er meget mør, cirka 25 minutter. Brug bagsiden af en ske til at skrabe noget af hvidløget af.

3. Opvarm de resterende 2 spsk olie i en lille stegepande over medium varme. Tilsæt rasp og stjerneanis, hvis du bruger. Steg indtil myrerne er stegt og olien er absorberet.

**fire.**Kog mindst 4 liter vand. Tilsæt pasta og salt efter smag. Rør jævnligt, indtil pastaen er al dente, blød til bid, men stadig fast. Dræn pastaen, gem lidt af kogevandet.

5. Bland pastaen med tomatsauce og kål. Tilsæt eventuelt lidt kogevand. Drys med rasp og server straks.

*Orecchiette med pølse og kål*

*Orecchiette med Salcia og Cavolo*

**Tilbereder 6 måltider**

*Da min veninde Domenica Marzovilla vendte tilbage fra en tur til Toscana, fortalte hun mig om den pasta, hun spiste hos sin veninde. Det virkede så nemt og godt, at jeg tog hjem og gjorde det.*

2 spsk olivenolie

8 oz sød baconpølse

8 ounce varm svinekødspølse

2 kopper italienske tomater på dåse, drænet og hakket

Salt

1 kg kål (ca. 1-2 mellemstore hoveder)

1 kilo frisk oreciette eller cavatelli

1. I en mellemstor gryde opvarmes olien over medium varme. Tilsæt pølsen og steg, indtil den er brunet på alle sider, cirka 10 minutter.

**smelte**Tilsæt tomater og en knivspids salt. Bring det i kog og lad det simre i cirka 30 minutter, indtil løget tykner.

3. Skær kernen af kålen af. Skær kålen i tynde strimler.

fire. Hæld en gryde vand. Tilsæt kålen og kog i 1 minut efter vandet koger. Skrab kålen med en ske. Hæld vand godt. Reserver vand til at spise.

5. Tag pølserne ud på et skærebræt og kom saucen i gryden. Tilføj kål til sauce; Bages i 15 minutter. Skær pølsen i tynde skiver.

6. Bring vandet i kog og smag pastaen til med salt. Dræn godt af og bland med pølse og sauce. Serveres varm.

*Orecchiette med sværdfisk*

*Sværdfisk*

**Spiser 4-6 måltider**

*Du kan erstatte sværdfisken med tun eller haj. Mens saltning af aubergine fjerner nogle af de bitre safter og forbedrer teksturen, anser mange kokke dette trin for unødvendigt. Jeg tilføjer altid salt til det, men valget er dit. Ja, pastaen kan koges et par timer i forvejen. Genopvarm på en bageplade i en 350°F ovn i cirka 10 minutter. Denne sicilianske pastaret er usædvanlig i det italienske køkken, fordi selvom saucen indeholder fisk, afsluttes den med ost, som tilføjer smag.*

1 stor eller 2 små auberginer (ca. 1-2 pund)

Meget salt

Majs eller anden vegetabilsk olie til madlavning

3 spiseskefulde olivenolie

1 fed hvidløg, hakket meget fint

2 grønne løg, finthakket

8 ounce sværdfisk eller andre kødfulde fiskefileter (1-2 tommer tyk), hud fjernet, skåret i 1-2 tommer stykker

Et nyt sted at prøve er sort peber

2 spsk hvidvinseddike

2 kopper friske tomater, skrællede, frøet og skåret i tynde skiver, dåse eller dåse italienske tomater, presset og skåret i tern;

1 tsk friske oreganoblade, hakket eller en knivspids tørret oregano

1 kilo frisk oreciette eller cavatelli

13 kopper friskrevet Pecorino Romano

1. Skær i 1-tommers terninger. Læg stykkerne på en tallerken og drys rigeligt med salt. Sæt til side i 30 minutter til 1 time. Vask posens dele hurtigt. Læg stykkerne på køkkenrulle og tør.

**smelte**Opvarm 1-2 tommer olie i en stor, dyb stegepande over medium varme. For at teste olien skal du forsigtigt placere et lille stykke aubergine i den. Hvis det hæver og koger hurtigt, tilsæt nok aubergine til at skabe et lag. Udfyld ikke formularen. Kog under omrøring af og til, indtil bønnerne er sprøde og gyldne, cirka 5 minutter. Fjern stykkerne med en ske. Afdryp godt på køkkenpapir. Gentag med de resterende auberginer. Læg til side.

3.Steg olivenolie, hvidløg og forårsløg i 30 sekunder i en medium stegepande ved middel varme. Tilsæt fisken og smag til med salt og peber. Kog under omrøring af og til, indtil fisken ikke længere er lyserød, cirka 5 minutter. Tilsæt eddike og kog i 1 minut. Tilsæt tomater og oregano. Bring det i kog og lad det simre i 15 minutter eller indtil det er lidt tyknet.

**fire.**Bring imens en stor gryde koldt vand i kog. Tilsæt salt efter smag og pasta. Rør af og til, indtil den er al dente, blød, men sej. Hæld vand godt.

5.Kombiner pasta, sauce og aubergine i en stor, varm skål. Bland godt. Tilsæt ost. Serveres varm.

**Ris, majs og andre kornsorter**

Blandt de typer korn, der dyrkes og bruges i Italien, er de mest almindelige ris og majs. Farro-, couscous- og bygkorn er regionale delikatesser.

Ris blev først introduceret til Italien fra Mellemøsten. Den vokser særligt godt i det nordlige Italien, især i regionerne Piemonte og Emilia-Romagna.

Italienske kokke er meget specifikke, når det kommer til typen af mellemkornet ris, men forskellene mellem typerne kan være subtile. Mange kokke vil ordinere en variant af fisk og skaldyrsrisotto og en anden variant af grøntsagsrisotto. Ofte er præferencer regionale eller traditionelle, og hver genre har sine egne karakteristika. Carnaroli-ris holder formen godt og giver en let cremet risotto. Vialone Nano tilberedes hurtigere og har en mildere smag. Arborio er den mest populære og bredt tilgængelige, men har en mildere smag. Bedst med risotto tilberedt med stærke smagsingredienser. Du kan bruge enhver af disse tre typer i risottoopskrifterne i denne bog.

Mekka er en forholdsvis ny afgrøde i Italien. Efter europæisk udforskning af den nye verden nåede majs Spanien og spredte sig derfra over hele kontinentet. Majs er nemt og billigt at dyrke, så det blev plantet hurtigt. De fleste dyrkes til dyrefoder, men hvid og gul majs bruges ofte til at lave polenta. Uden for Napoli, hvor sælgere nogle gange sælger popcorn som streetfood, er det sjældent at finde grillet majs i Italien. Rumænere tilføjer nogle gange majs på dåse til salater, men denne eksotiske variant er sjælden.

Den er mest almindelig i det centrale og sydlige Italien, hvor der dyrkes korn som farro og hvede. Farro, en ældgammel sort af hvede, betragtes som en helsekost af italienerne. Fantastisk i supper, salater og andre retter.

Byg er et gammelt korn, der vokser godt i kolde nordlige egne. Romerne fodrede deres tropper med byg og andet korn. Porcini eller suppe kaldet puls blev kogt, hvilket var begyndelsen til polenta. I dag findes byg hovedsageligt i det nordøstlige Italien nær Østrig, kogt som risotto eller tilsat supper.

Couscous, lavet af durumhvedemel og rullet til små kugler, er typisk for det vestlige Sicilien og er en rest af den arabiske dominans i regionen for århundreder siden. Det serveres normalt med skaldyrssuppe eller en kødret.

**<u>RIS</u>**

Ris dyrkes i regionerne Piemonte og Emilia-Romagna i det nordlige Italien og er en basisfødevare, der ofte spises som tilbehør i stedet for pasta eller suppe. Klassisk som risotto, dette er min idé om rishimlen!

Hvis du aldrig har gjort det før, kan risottometoden virke usædvanlig. Ingen anden kultur tilbereder ris på den måde, som italienerne gør, men denne metode ligner at lave pilaf, hvor risene saltes og derefter koges og lægges i blød i kogevæsken. Risene koges for at frigøre stivelsen og skabe en cremet sauce. De færdige ris skal være møre, men faste at røre ved. Kornene vil opsuge smagen af de andre ingredienser og sætte sig i en cremet væske. For det bedste resultat bør risotto spises umiddelbart efter tilberedning, ellers kan den blive tør og grødet.

Risotto smager bedst, når den laves derhjemme. Ikke mange restauranter kan bruge så meget tid på at lave risotto, men meget få gør det virkelig. Faktisk tilbereder de fleste restaurantkøkkener risene delvist og nedkøler dem derefter. Ved bestilling af risotto opvarmes risene, og væsken tilsættes sammen med de krydderier, der skal til for at tilberede retten.

Når du først forstår trinene, er det meget enkelt at lave risotto og kan tilpasses til mange forskellige ingredienskombinationer. Det første skridt i tilberedning af risotto er at købe de rigtige ris. Langkornet ris, der almindeligvis findes i USA, er ikke egnet til at lave risotto, fordi den mangler den rigtige type stivelse. Mellemkornet ris, almindeligvis solgt som Arborio-, Carnaroli- eller Vialone Nano-sorten, har en stivelsesholdig tekstur, der kommer ud af kornet, når de koges og blandes med bouillon eller anden væske. Stivelsen binder sig til væsken og bliver cremet.

Mellemkornet ris fra Italien er meget tilgængelig i supermarkeder. Den er dyrket i USA og er nu nem at finde.

Du skal også have en god fjerkræ-, kød-, fiske- eller grøntsagssuppe. Hjemmelavet suppe foretrækkes, men du kan bruge dåsesuppe (eller dåse). Jeg mener, at indkøbt afkog ikke kan bruges direkte fra beholderen og ofte skal blandes med vand. Husk, at hvis du ikke bruger den pakkede version af suppen med lavt natriumindhold, kan den have et højt saltindhold, så juster mængden af salt, du tilføjer i overensstemmelse hermed. Bouillonterninger er for salte og har kunstig smag, så dem bruger jeg ikke.

*hvid risotto*

*Risotto er hvid*

**Laver 4 måltider**

*Denne simple hvide risotto er lige så enkel og tilfredsstillende som vaniljeis. Server som forret eller tillæg til stegt kød. For en ny udfordring, prøv at dryppe den over færdiglavet risotto for et strejf af luksus. Fjern i dette tilfælde osten.*

4 kopper<u>kødsuppe</u>ELLER<u>Kyllingefond</u>

4 spiseskefulde usaltet smør

1 spsk olivenolie

$1$4 kopper løg eller hakket løg

1-2 kopper mellemkornet ris såsom Arborio, Carnaroli eller Vialone Nano

$1$1/2 kop tør hvidvin eller mousserende vin

Salt og friskkværnet sort peber

1₂ kopper revet Parmigiano-Reggiano

1.Tilbered suppe evt. Bring suppen i kog ved middel varme, og reducer derefter varmen for at holde suppen varm. I en stor, tung stegepande, smelt 3 spiseskefulde smør over medium varme. Tilsæt svampene og steg, indtil de er bløde, men ikke brune. 5 minutter.

**smelte**Tilsæt risene og rør rundt med en træske, indtil de er gennemvarme, cirka 2 minutter. Tilsæt vinen og rør indtil det meste af væsken er fordampet.

3.Hæld 1-2 kopper suppe over risene. Rør indtil det meste af væsken er absorberet. Fortsæt med at tilføje bouillon ca. 1-2 kopper ad gangen under omrøring efter hver tilføjelse. Juster varmen, så væsken hurtigt kommer i kog, men risene klistrer ikke til gryden. Halvvejs gennem tilberedningen smages til med salt og peber.

**fire.**Kog til risene er bløde og faste og risottoen er cremet. Når du tror, du er klar, så smag på kornet. Hvis du ikke er klar, så prøv testen igen om et minut. Hvis suppen slutter før risene er møre, så brug varmt vand. Tilberedningstid vil være 18-20 minutter.

5. Tag gryden med risottoen af varmen. Tilsæt den resterende spiseskefuld smør og osten og bland indtil glat. Server straks.

*Safran risotto, Milanesisk stil*

*Milanesisk risotto*

**Spiser 4-6 måltider**

Risotto med gylden safran er en klassisk milanesisk tilføjelse til Osso Buco (se<u>Oksekødsben Milanesisk stil</u>). Tilføjelse af vilde okseknogler til risotto giver den en rig, kødfuld smag og er traditionel, men risotto kan laves uden.

6 kopper<u>KyllingefondELLERkødsuppe</u>

½ tsk hakkede safranstilke

4 spiseskefulde usaltet smør

2 spsk hakket oksekød (valgfrit)

2 spsk olivenolie

1 lille løg, meget fint hakket

2 kopper (ca. 1 pund) mellemkornet ris, såsom Arborio, Carnaroli eller Vialone Nano

Salt og friskkværnet sort peber

½ kopper revet Parmigiano-Reggiano

1.Tilbered suppe evt. Bring suppen i kog ved middel varme, og reducer derefter varmen for at holde suppen varm. Fjern 1-2 kopper suppe og læg på en lille tallerken. Tilsæt safran og bland.

**smelte**I en stor, tung gryde, opvarm 2 spsk af olien, varm hvis du bruger, over medium varme. Når smørret er smeltet, tilsæt løget og steg det under jævnlig omrøring, indtil det er brunet, cirka 10 minutter.

3.Tilsæt risene, rør rundt med en træske og kog indtil de er gennemvarme, cirka 2 minutter. Tilsæt 1-2 kopper varm bouillon og rør, indtil væsken er absorberet. Fortsæt med at tilføje 1-2 kopper ad gangen, bland efter hver tilføjelse. Juster varmen, så væsken hurtigt kommer i kog, men risene klistrer ikke til gryden. Tilsæt safranblandingen, salt og peber efter smag halvvejs gennem kogningen.

**fire.**Brug kun den nødvendige mængde, indtil risene er bløde og faste. Når du tror, du er klar, så smag på kornet. Hvis du ikke er klar, så prøv testen igen om et minut. Hvis suppen slutter før risene er møre, så brug varmt vand. Tilberedningstid vil være 18-20 minutter.

5. Tag risottopanden af varmen og rør de resterende 2 spsk smør og ost i, til den er jævn. Server straks.

*Risotto med asparges*

*Risotto med asparges*

**Tilbereder 6 måltider**

*Veneto-regionen er berømt for sine smukke hvide lavendelformede asparges. For at opnå en delikat farve, dækkes asparges under vækst for at forhindre udsættelse for sollys og dannelse af klorofyl. Hvide ribs har en delikat smag og er mildere end den grønne variant. Hvide asparges er perfekte til denne risotto, men du kan lave den med den almindelige grønne variant, og den vil stadig smage lækkert.*

5 kopper<u>Kyllingefond</u>

1 pund friske asparges, trimmet

4 spiseskefulde usaltet smør

1 lille løg, skåret i tynde skiver

2 kopper mellemkornet ris som Arborio, Carnaroli eller Vialone Nano

¹1/2 kop tør hvidvin

Salt og friskkværnet sort peber

³4 kopper revet Parmigiano-Reggiano

1. Tilbered suppe evt. Bring suppen i kog ved middel varme, og reducer derefter varmen for at holde suppen varm. Skær enderne af aspargesene og stil dem til side. Skær i 1-2 tommer skiver.

**smelte**Smelt 3 spiseskefulde olie i en stor, tung gryde. Tilsæt løget og steg over medium varme, omrør lejlighedsvis, indtil det er meget blødt og gyldent, cirka 10 minutter.

3. Tilføj store bogstaver. Kog i 5 minutter, rør af og til.

**fire.**Tilsæt risene, rør rundt med en træske og kog indtil de er gennemvarme, cirka 2 minutter. Tilsæt vinen og rør konstant, indtil væsken er fordampet. Hæld 1-2 kopper suppe over risene. Rør indtil det meste af væsken er absorberet.

5. Fortsæt med at tilføje bouillon ca. 1-2 kopper ad gangen under omrøring efter hver tilføjelse. Juster varmen, så

væsken hurtigt kommer i kog, men risene klistrer ikke til gryden. Efter cirka 10 minutter tilsættes aspargeshovederne. Smag til med salt og peber. Kog til risene er bløde og faste og risottoen er cremet. Når du tror, du er klar, så smag på kornet. Hvis du ikke er klar, så prøv testen igen om et minut. Hvis suppen slutter før risene er møre, så brug varmt vand. Tilberedningstid vil være 18-20 minutter.

6. Tag gryden med risottoen af varmen. Tilsæt osten og den resterende spiseskefuld smør. Smag på krydderierne. Server straks.

*Risotto med rød peber*

*Risotto med Pepperoni Rossi*

**Tilbereder 6 måltider**

*I højden af sæsonen, hvor lyse røde peberfrugter er på deres højeste, opfordrer jeg dig til at bruge dem på mange måder. Dens søde, milde smag og smukke farve gør den perfekt til alt fra tortillas til pasta, supper, salater og gryderetter. Dette er ikke en typisk opskrift, men den kom til at tænke på en dag, da jeg ledte efter en ny måde at bruge rød peber på. Gul eller orange peberfrugt ville også være god i denne opskrift.*

5 kopper<u>Kyllingefond</u>

3 spiseskefulde usaltet smør

1 spsk olivenolie

1 lille løg, skåret i tynde skiver

2 røde peberfrugter, skrællet og skåret i tynde skiver

2 kopper mellemkornet ris som Arborio, Carnaroli eller Vialone Nano

Salt og friskkværnet sort peber

½ kopper revet Parmigiano-Reggiano

1. Tilbered suppe evt. Bring suppen i kog ved middel varme, og reducer derefter varmen for at holde suppen varm. Opvarm 2 spsk smør og olie i en stor, tung gryde over medium varme. Når smørret er smeltet, tilsæt løget og steg det under jævnlig omrøring, indtil det er brunet, cirka 10 minutter. Tilsæt peber og kog i yderligere 10 minutter.

**smelte**Tilsæt risene og rør rundt med en træske, indtil de er gennemvarme, cirka 2 minutter. Tilsæt 1-2 kopper varm bouillon og rør, indtil væsken er absorberet. Fortsæt med at tilføje 1-2 kopper ad gangen, bland efter hver tilføjelse. Juster varmen, så væsken hurtigt kommer i kog, men risene klistrer ikke til gryden. Halvvejs gennem tilberedningen tilsættes salt og peber efter smag.

3. Kog til risene er bløde og faste og risottoen er cremet. Når du tror, du er klar, så smag på kornet. Hvis du ikke er klar,

så prøv testen igen om et minut. Hvis væske siver ud, før risene er kogt, skal du afslutte kogningen med varmt vand. Tilberedningstid vil være 18-20 minutter.

**fire.**Tag gryden med risottoen af varmen. Smelt den resterende spiseskefuld smør og osten og bland til en jævn masse. Smag på krydderierne. Server straks.

*Risotto med tomater og rucola*

*Risotto med tomater og rucola*

**Tilbereder 6 måltider**

*Friske tomater, basilikum og rucola gør denne risotto til sommerens kvintessens. Jeg serverer den gerne med en afkølet hvidvin, såsom Furore de Campania fra producenten Matilde Cuomo.*

5 kopper<u>Kyllingefond</u>

1 stor rucola, trimmet og vasket

3 spiseskefulde olivenolie

1 lille løg, skåret i tynde skiver

2 kg modne blommetomater, skrællet, udsået og hakket

2 kopper mellemkornet ris som Arborio, Carnaroli eller Vialone Nano

Salt og friskkværnet sort peber

12 kopper revet Parmigiano-Reggiano

2 spsk friskhakket basilikum

1 spsk ekstra jomfru olivenolie

1. Tilbered suppe evt. Bring suppen i kog ved middel varme, og reducer derefter varmen for at holde suppen varm. Skær rucolabladene i små stykker. Du bør drikke omkring 2 kopper.

**smelte**Hæld olien i en bred, tung gryde. Tilsæt løget og steg over medium varme, rør af og til med en træske, indtil løget er meget blødt og gyldent, cirka 10 minutter.

3. Tilsæt tomater. Kog, under omrøring af og til, indtil det meste af saften er fordampet, cirka 10 minutter.

**fire.**Tilsæt risene, rør rundt med en træske og kog indtil de er gennemvarme, cirka 2 minutter. Hæld 1-2 kopper suppe over risene. Kog og rør, indtil det meste af væsken er absorberet.

5. Fortsæt med at tilføje bouillon ca. 1-2 kopper ad gangen under omrøring efter hver tilføjelse. Juster varmen, så

væsken hurtigt kommer i kog, men risene klistrer ikke til gryden. Halvvejs gennem tilberedningen smages til med salt og peber. Kog til risene er bløde og faste og risottoen er cremet. Når du tror, du er klar, så smag på kornet. Hvis du ikke er klar, så prøv testen igen om et minut. Hvis suppen slutter før risene er møre, så brug varmt vand. Tilberedningstid vil være 18-20 minutter.

6. Tag gryden med risottoen af varmen. Tilsæt ost, basilikum og en spiseskefuld ekstra jomfru olivenolie. Smag på krydderierne. Tilsæt rucola og server med det samme.

*Risotto med rødvin og radicchio*

Risotto med Radicchio

**Tilbereder 6 måltider**

*Radicchio, som er medlem af cikoriefamilien, vokser i Veneto. Ligesom den beslægtede endivie har cikorie en let bitter, men sød smag. Selvom vi i første omgang tænker på det som en farverig tilføjelse til en salatskål, tilbereder italienerne ofte radicchio. Den kan skæres i skiver og grilles, eller bladene kan fyldes og bages som forret. Bagt brun får en mørk mahognifarve, når den tilberedes. Jeg spiste denne risotto på Il Cenacolo, en restaurant i Verona, der serverer traditionelle opskrifter.*

5 kopper<u>KyllingefondELLERkødsuppe</u>

1 medium radicchio (ca. 12 ounce)

2 spsk olivenolie

2 spsk usaltet smør

1 lille løg, skåret i tynde skiver

1 1/2 kop tør rødvin

2 kopper mellemkornet ris som Arborio, Carnaroli eller Vialone Nano

Salt og friskkværnet sort peber

1 2 kopper revet Parmigiano-Reggiano

1. Tilbered suppe evt. Bring suppen i kog ved middel varme, og reducer derefter varmen for at holde suppen varm. Skræl radiserne og skær dem i 1-2 cm tykke skiver. Skær skiverne i 1-tommers stykker.

**smelte**I en stor, tung stegepande opvarmes olien med 1 spsk af olien over medium varme. Når smørret er smeltet, tilsæt løg og sauce, og rør af og til, indtil løget er meget blødt, cirka 10 minutter.

3. Øg varmen til medium, tilsæt radicchio og kog indtil de er møre, cirka 10 minutter.

**fire.**Tilsæt ris. Tilsæt vinen og rør indtil det meste af væsken er absorberet. Hæld 1-2 kopper suppe over risene. Kog og rør, indtil det meste af væsken er absorberet.

5. Fortsæt med at tilføje bouillon ca. 1-2 kopper ad gangen under omrøring efter hver tilføjelse. Juster varmen, så væsken hurtigt kommer i kog, men risene klistrer ikke til gryden. Halvvejs gennem tilberedningen smages til med salt og peber. Kog til risene er bløde og faste og risottoen er cremet. Når du tror, du er klar, så smag på kornet. Hvis du ikke er klar, så prøv testen igen om et minut. Hvis suppen slutter før risene er møre, så brug varmt vand. Tilberedningstid vil være 18-20 minutter.

6. Tag gryden af varmen og tilsæt den resterende spiseskefuld smør og osten. Smag på krydderierne. Server straks.

*Risotto med cremet kål*

*Risotto Cavolfiore*

**Tilbereder 6 måltider**

Du må ikke have pasta eller hovedret, men aldrig risotto eller pasta; altid fantastisk godt. Dette er en version af den risotto, jeg havde for et par år siden på den vidunderlige La Filome.

Da jeg lavede denne risotto første gang, havde jeg hvid pibepasta ved hånden og tilføjede den mod slutningen af tilberedningen. Smagen var fantastisk. Prøv trøffelpastaen, hvis du kan finde den.

4 kopper<u>Kyllingefond</u>

4 kopper kål, skåret i 1-2 tommer buketter

1 fed hvidløg, finthakket

1 1/2 dl mælk

Salt

4 spiseskefulde usaltet smør

1 1/4 kop finthakket løg

2 kopper mellemkornet ris som Arborio, Carnaroli eller Vialone Nano

friskkværnet sort peber

3 4 kopper revet Parmigiano-Reggiano

1. Tilbered suppe evt. Bring suppen i kog ved middel varme, og reducer derefter varmen for at holde suppen varm. I en mellemstor gryde kombineres kål, hvidløg, mælk og en knivspids salt. Kog det. Kog indtil det meste af væsken er fordampet og kålen er mør, cirka 10 minutter. Hold varmen meget lav og rør af og til for at undgå at blandingen brænder på.

**smelte**I en stor, tung stegepande opvarmes olien med 2 spiseskefulde af olien over medium varme. Når smørret er smeltet, tilsæt skalotteløg og løg, og rør af og til, indtil løget er meget blødt og gyldent, cirka 10 minutter.

3. Tilsæt risene, rør rundt med en træske og kog indtil de er gennemvarme, cirka 2 minutter. Hæld 1-2 kopper bouillon. Kog og rør, indtil det meste af væsken er absorberet.

**fire.** Fortsæt med at tilføje bouillon 1-2 kopper ad gangen, under konstant omrøring, indtil den er tyknet. Juster varmen, så væsken hurtigt kommer i kog, men risene klistrer ikke til gryden. Cirka halvvejs i kogningen, smag til med salt og peber.

5. Når risene er klar tilsættes kålblandingen. Kog til risene er bløde og faste og risottoen er cremet. Når du tror, du er klar, så smag på kornet. Hvis du ikke er klar, så prøv testen igen om et minut. Hvis suppen slutter før risene er møre, så brug varmt vand. Tilberedningstid vil være 18-20 minutter.

6. Krydr gryden med krydderurter og krydderier. Tilsæt de resterende 2 spsk smør og osten. Server straks.

citron risotto

Citron Risotto

**Tilbereder 6 måltider**

*Den livlige smag af frisk citronskal og -saft lysner denne Capririsotto. Selvom italienerne ikke laver det så tit, serverer jeg det gerne som tilbehør til saltede kammuslinger eller grillet fisk.*

5 kopper<u>Kyllingefond</u>

4 spiseskefulde usaltet smør

1 lille løg, skåret i tynde skiver

2 kopper mellemkornet ris som Arborio, Carnaroli eller Vialone Nano

Salt og friskkværnet sort peber

1 spsk frisk citronsaft

1 tsk citronskal

1⁄2 kopper revet Parmigiano-Reggiano

1. Tilbered suppe evt. Bring suppen i kog ved middel varme, og reducer derefter varmen for at holde suppen varm. I en stor, tung gryde, smelt 2 spsk olie over medium varme. Tilsæt løget og steg under omrøring af og til, indtil det er brunet, cirka 10 minutter.

**smelte**Tilsæt risene og rør rundt med en træske, indtil de er gennemvarme, cirka 2 minutter. Tilsæt 1-2 kopper varm bouillon og rør, indtil væsken er absorberet.

3. Fortsæt med at tilføje 1-2 kopper ad gangen, bland efter hver tilføjelse. Juster varmen, så væsken hurtigt kommer i kog, men risene klistrer ikke til gryden. Halvvejs gennem tilberedningen smages til med salt og peber.

**fire.**Kog til risene er bløde og faste og risottoen er cremet. Når du tror, du er klar, så smag på kornet. Hvis du ikke er klar, så prøv testen igen om et minut. Hvis suppen slutter før risene er møre, så brug varmt vand. Tilberedningstid vil være 18-20 minutter.

5. Tag gryden med risottoen af varmen. Tilsæt citronsaft og -skal, de resterende 2 spsk smør og ost. Rør smør og ost i,

indtil det er smeltet og cremet. Smag på krydderierne. Server straks.

*spinat risotto*

*Spinat risotto*

**Tilbereder 6 måltider**

*Hvis du har frisk basilikum, så tilsæt den i stedet for persille. I stedet for spinat kan du bruge andre grøntsager såsom mangold eller escarole.*

   5 kopper<u>Kyllingefond</u>

1 kilo frisk spinat, vasket og drænet

1 1/4 kop vand

Salt

4 spiseskefulde usaltet smør

1 mellemstor løg, skåret i tynde skiver

2 kopper (ca. 1 pund) mellemkornet ris, såsom Arborio, Carnaroli eller Vialone Nano

friskkværnet sort peber

1 1/4 kop hakket frisk persille

1 2 kopper revet Parmigiano-Reggiano

1. Tilbered suppe evt. Bring suppen i kog ved middel varme, og reducer derefter varmen for at holde suppen varm. Kom spinat, vand og salt i en stor gryde. Dæk og kog. Kog indtil spinaten er mør, cirka 3 minutter. Fjern saften og pres forsigtigt for at fjerne vandet. Skær spinaten i tynde skiver.

**smelte**Opvarm 3 spiseskefulde olie i en stor, tung stegepande over medium varme. Når smørret er smeltet, tilsæt løget og steg det under jævnlig omrøring, indtil det er brunet, cirka 10 minutter.

3. Tilsæt ris og løg og kog under omrøring med en træske, indtil de er gennemvarmet, cirka 2 minutter. Tilsæt 1-2 kopper varm bouillon og rør, indtil væsken er absorberet. Fortsæt med at tilføje 1-2 kopper ad gangen, bland efter hver tilføjelse. Juster varmen, så væsken hurtigt kommer i kog, men risene klistrer ikke til gryden. Halvvejs i kogningen tilsættes spinat, salt og peber.

**fire.**Kog til risene er bløde og faste og risottoen er cremet. Når du tror, du er klar, så smag på kornet. Hvis du ikke er klar, så prøv testen igen om et minut. Hvis suppen slutter før risene er møre, så brug varmt vand. Tilberedningstid vil være 18-20 minutter.

5. Tag gryden med risottoen af varmen. Tilsæt det resterende smør og ost. Server straks.

*risotto med gylden zucchini*

*Risotto med Zisca d'Oro*

**Spiser 4-6 måltider**

*På italienske markeder kan kokke købe store mængder vintergrøntsager til at tilberede risotto. Havregrynene er tættere på den søde smag og dejagtige konsistens i de italienske versioner. Denne risotto er en specialitet fra Mantua i Lombardiet.*

5 kopper<u>Kyllingefond</u>

4 spiseskefulde usaltet smør

1４ kopper løg eller finthakket løg

2 kopper græskar, skrællet og hakket (ca. 1 pund)

2 kopper mellemkornet ris som Arborio, Carnaroli eller Vialone Nano

1 1/2 kop tør hvidvin

Salt og friskkværnet sort peber

1 2 kopper revet Parmigiano-Reggiano

1. Tilbered suppe evt. Bring suppen i kog ved middel varme, og reducer derefter varmen for at holde suppen varm. I en stor, tung gryde, smelt tre spiseskefulde olie over medium varme. Tilsæt svampene og kog under jævnlig omrøring, indtil de er brune, cirka 5 minutter.

**smelte**Tilsæt cantaloupe og 1-2 kopper bouillon. Kog indtil suppen tykner.

3. Tilsæt risene, rør rundt med en træske og kog indtil de er gennemvarme, cirka 2 minutter. Tilsæt vinen indtil den fordamper.

**fire.**Tilsæt 1-2 kopper varm bouillon og rør, indtil væsken er absorberet. Fortsæt med at tilføje 1-2 kopper ad gangen, bland efter hver tilføjelse. Juster varmen, så væsken hurtigt kommer i kog, men risene klistrer ikke til gryden. Halvvejs gennem tilberedningen tilsættes salt og peber efter smag.

5. Kog til risene er bløde og faste og risottoen er cremet. Når du tror, du er klar, så smag på kornet. Hvis du ikke er klar, så prøv testen igen om et minut. Hvis suppen slutter før

risene er møre, så brug varmt vand. Tilberedningstid vil være 18-20 minutter.

**6.** Tag gryden med risottoen af varmen. Tilsæt det resterende smør og ost. Server straks.

*Venetiansk kikærterisotto*

*Ryś og Biś*

**Tilbereder 6 måltider**

*I Venedig spises denne risotto for at fejre forårets ankomst og sæsonens første friske grøntsager. Venetiansk risotto er meget tyk, så hvis du leder efter autenticitet, så tilsæt en ekstra spiseskefuld bouillon eller vand til den færdige risotto.*

6 kopper[Kyllingefond](#)

1 mellemstor gult løg, skåret i tynde skiver

4 spiseskefulde olivenolie

2 kopper mellemkornet ris som Arborio, Carnaroli eller Vialone Nano

Salt og friskkværnet sort peber

2 kopper delvist optøede kikærter eller frosne ærter

2 spsk finthakket persille

1⁄2 kopper revet Parmigiano-Reggiano

2 spsk usaltet smør

1. Tilbered suppe evt. Bring suppen i kog ved middel varme, og reducer derefter varmen for at holde suppen varm. Hæld olien i en bred, tung gryde. Tilsæt løget og steg ved middel varme, indtil løget er gyldent og blødt, cirka 10 minutter.

**smelte**Tilsæt risene, rør rundt med en træske og kog indtil de er gennemvarme, cirka 2 minutter. Tilsæt ca. 1-2 kopper varm suppe og rør, indtil den er absorberet. Fortsæt med at tilføje 1-2 kopper ad gangen, bland efter hver tilføjelse. Juster varmen, så væsken hurtigt kommer i kog, men risene klistrer ikke til gryden. Halvvejs gennem tilberedningen tilsættes salt og peber efter smag.

3. Tilsæt kikærter og persille. Fortsæt med at tilsætte væske og blande. Risene skal være bløde, men faste at røre ved, og risottoen skal have en let, lidt tyk konsistens. Hvis du løber tør for suppe, så brug varmt vand. Tilberedningstid vil være 18-20 minutter.

**fire.** Når risene er møre, men stadig faste, tages gryden af varmen. Tilsæt ost og olie og bland godt. Server straks.

*Forårsrisotto*

*Forårsrisotto*

**Spiser 4-6 måltider**

*Stykker af farverige grøntsager dekorerer denne lette og aromatiske risotto. Grøntsager tilsættes for ikke at blande sig.*

6 kopper grøntsagsbouillon eller vand

3 spiseskefulde usaltet smør

1 spsk olivenolie

1 mellemstor løg, skåret i tynde skiver

1 lille gulerod, hakket

1 lille selleristængel, hakket

2 kopper mellemkornet ris som Arborio, Carnaroli eller Vialone Nano

1 1/2 kop friske eller frosne kikærter

1 kop hakkede svampe, evt

6 aspargesspyd, trimmet og skåret i 1-2-tommers stykker

Salt og friskkværnet sort peber

1 stor tomat, skrællet og skåret i tern

2 spsk finthakket frisk fladbladet persille

$1_2$ kopper revet Parmigiano-Reggiano

1. Tilbered suppe evt. Bring suppen i kog ved middel varme, og reducer derefter varmen for at holde suppen varm. I en stor, tung stegepande, kombiner 2 spsk smør og olie over medium varme. Når smørret er smeltet, tilsæt løget og steg indtil det er brunet, cirka 10 minutter.

smelteTilsæt gulerødder og selleri og kog i 2 minutter. Rør indtil risene er godt dækket.

3. Tilsæt 1-2 kopper bouillon og rør konstant med en træske, indtil væsken er absorberet. Tilsæt suppen 1-2 kopper ad gangen under omrøring i 10 minutter efter hver tilsætning. Juster varmen, så væsken hurtigt kommer i kog, men risene klistrer ikke til gryden.

**fire.** Tilsæt kikærter, svampe og halvdelen af porren. Tilsæt salt og peber efter smag. Fortsæt med at tilføje bouillon og rør i yderligere 10 minutter. Tilsæt de resterende asparges og tomater. Tilsæt bouillon og rør, indtil risene er faste, men bløde, og risottoen er cremet. Når du tror, du er klar, så smag på kornet. Hvis du ikke er klar, så prøv testen igen om et minut.

**5.** Tag gryden med risottoen af varmen. Smag på krydderierne. Tilsæt persille og den resterende olivenolie. Tilsæt ost. Server straks.

*Risotto med tomater og skrifttyper*

*Risotto med Pisodori og Fontina*

**Tilbereder 6 måltider**

*Autentisk Valle d'Aosta fontanel har en tydelig nøddeagtig, frugtagtig og jordagtig smag i modsætning til fontanel produceret andre steder. Denne risotto fra det nordvestlige Italien er værd at prøve. Denne ret passer godt sammen med en blomstret hvidvin såsom Arneis fra det nærliggende Piemonte.*

5 kopper<u>Kyllingefond</u>

3 spiseskefulde usaltet smør

1 mellemstor løg, skåret i tynde skiver

1 kop flåede, udkernede og hakkede tomater

2 kopper mellemkornet ris som Arborio, Carnaroli eller Vialone Nano

1 1/2 kop tør hvidvin

Salt og friskkværnet sort peber

4 ounce Fontina Valle d'Aosta, revet

1/2 kopper revet Parmigiano-Reggiano

1. Tilbered suppe evt. Bring suppen i kog ved middel varme, og reducer derefter varmen for at holde suppen varm. Smelt hvidløget i en stor gryde ved middel varme. Tilsæt løget og steg under omrøring af og til, indtil løget er blødt og gyldent, cirka 10 minutter.

**smelte**Tilsæt tomater. Kog indtil det meste af væsken er fordampet, cirka 10 minutter.

3. Tilsæt risene, rør rundt med en træske og kog indtil de er gennemvarme, cirka 2 minutter. Hæld vinen og 1-2 kopper suppe over risene. Kog og rør, indtil det meste af væsken er absorberet.

**fire.**Fortsæt med at tilføje bouillon ca. 1-2 kopper ad gangen under omrøring efter hver tilføjelse. Juster varmen, så væsken hurtigt kommer i kog, men risene klistrer ikke til gryden. Cirka halvvejs i kogningen, smag til med salt og peber.

**5.**Kog til risene er bløde og faste og risottoen er cremet. Når du tror, du er klar, så smag på kornet. Hvis du ikke er klar, så prøv testen igen om et minut. Hvis suppen slutter før risene er møre, så brug varmt vand. Forberedelsestid 18-20 minutter.

**6.**Tag gryden med risottoen af varmen. Tilsæt ost. Smag på krydderierne. Server straks.

*Risotto med rejer og selleri*

*Risotto med Gamberi og Sedano*

**Tilbereder 6 måltider**

Mange italienske opskrifter er begrænset til soffritto, en kombination af olie eller fedt, eller nogle gange begge dele, og vegetabilsk smag som løg, selleri, gulerødder, hvidløg og nogle gange urter. Salt svinekød eller pancetta tilsættes nogle gange til soffritto for at give det en kødagtig smag.

Ligesom de fleste italienske kokke, jeg kender, foretrækker jeg straks at smide soffritto-ingredienserne i gryden og derefter varme det hele op og simre forsigtigt for bedre at kontrollere effekten. Soffritto skal omrøres ofte og koges af og til, indtil grøntsagerne er gyldenbrune for en lettere smag eller mere dybde. Hvis du i stedet opvarmer olien eller smørret først, hvis panden er tynd, hvis varmen er for høj, eller hvis du er distraheret i et stykke tid, kan olien blive overophedet. Så når andre soffrittosmage tilsættes, bruner den for hurtigt og ujævnt.

*Denne soffritto fra Emilia-Romagna-regionen er lavet i to trin. Bare start med olivenolie og løg, for jeg vil gerne have, at løget slipper smagen i olien og lader det synke lidt til bunds. Andet trin er at tilberede selleri, persille og hvidløg, så sellerien er lidt sprød, men mister sin smag og skaber endnu et lag af smag med persillen og hvidløget.*

*Køber du rejer i deres skal, så gem dem til lækker rejebouillon. Hvis du er i klemme, kan du købe rejer i skallen og bruge kun kylling eller fiskebouillon, eller endda vand.*

Hjemmelavet 6 kopper<u>Kyllingefond</u>eller købt en fiskereserve

1 kilo medium ske

1 lille løg, skåret i tynde skiver

2 spsk olivenolie

1 kop finthakket selleri

2 fed hvidløg, finthakket

2 spsk hakket frisk persille

2 kopper mellemkornet ris som Arborio, Carnaroli eller Vialone Nano

Salt efter smag og friskkværnet sort peber.

1 spsk usaltet smør eller ekstra jomfru olivenolie

1. Tilbered suppe evt. Rens og fjern derefter rejerne, og behold skallerne. Skær pandekagen i 1-2 tommer stykker og stil til side. Læg skallerne i en stor gryde med suppe. Bring det i kog og lad det simre i 10 minutter. Si bouillonen og kassér skindet. Hæld suppen tilbage i gryden og bring det i kog.

**smelte**l en stor, tung gryde, kog løget over medium varme, omrør ofte, i cirka 5 minutter. Tilsæt selleri, hvidløg og persille og kog i yderligere 5 minutter.

3. Tilsæt risene til grøntsagerne og bland godt. Tilsæt 1-2 kopper bouillon og rør, indtil væsken er absorberet. Fortsæt med at tilføje 1-2 kopper ad gangen, bland efter hver tilføjelse. Juster varmen, så væsken hurtigt kommer i kog, men risene klistrer ikke til gryden.

**fire.**Når risene er klar, smages til med salt og peber. Kog til risene er bløde og faste og risottoen er fugtig og cremet. Når du tror, du er klar, så smag på kornet. Hvis du ikke er klar, så prøv testen igen om et minut. Hvis suppen slutter før risene er møre, så brug varmt vand. Forberedelsestid 18-20 minutter.

**5.**Tag risottoen af varmen. Tilsæt smør eller olie og bland til en jævn masse. Server straks.

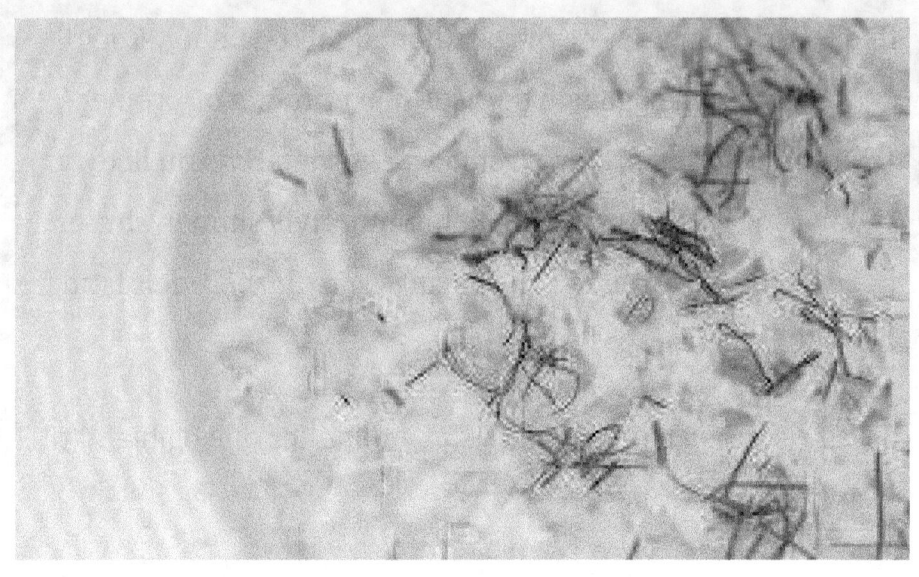

*Fisk og skaldyrsrisotto*

*Fisk og skaldyrsrisotto*

**Spiser 4-6 måltider**

*Du kan tilføje små muslinger eller kammuslinger, eller endda fast fisk såsom tun, til denne risotto. Kokke i Veneto, hvor denne opskrift kommer fra, elsker Vialone Nano-ris.*

6 kopper<u>Kyllingefond</u>eller vand

6 spiseskefulde olivenolie

2 spsk hakket frisk persille

2 store fed hvidløg, finthakket

1/2 pund blæksprutte (blæksprutte), tentakler skåret i 1- til 2-tommer ringe og fileter (se<u>Rengøring af otte græsser (blæksprutte).</u>)

1/4 pund rejer, renset, udhulet og skåret i 1-2 tommer stykker

1/4 pund skræl, skåret i 1-2 tommer stykker

Salt

malet rød peber pulver

1 mellemstor løg, skåret i tynde skiver

2 kopper mellemkornet ris som Arborio, Carnaroli eller Vialone Nano

1 1/2 kop tør hvidvin

1 kop flåede, udkernede og hakkede tomater

1. Tilbered suppe evt. Læg hvidløg og persille i en bred, tung gryde med 3 spsk olie. Kog over medium varme, indtil hvidløget er blødt og gyldent, cirka 2 minutter. Tilsæt alle skaldyrene, smag til med salt og peber og kog indtil blæksprutten er gennemsigtig, cirka 5 minutter.

**smelte**Fjern den afskallede fisk med en ske på en tallerken. Tilsæt bouillon til kyllingen og bring det i kog. Hold bouillonen ved meget lav varme, mens du koger risottoen.

3. I en stor gryde over medium varme, steg løget i de resterende 3 spsk olie, indtil det er brunet, cirka 10 minutter.

fire. Tilsæt risene, rør rundt med en træske og kog indtil de er gennemvarme, cirka 2 minutter. Tilsæt vin. Kog indtil det meste af væsken er absorberet. Tilsæt 1-2 kopper varm bouillon og rør, indtil væsken er absorberet. Fortsæt med at tilføje 1-2 kopper ad gangen, bland efter hver tilføjelse. Juster varmen, så væsken hurtigt kommer i kog, men risene klistrer ikke til gryden. Tilsæt tomater og salt halvvejs i kogningen.

5. Kog til risene er bløde og faste og risottoen er cremet. Når du tror, du er klar, så smag på kornet. Hvis du ikke er klar, så prøv testen igen om et minut. Hvis suppen slutter før risene er møre, så brug varmt vand. Forberedelsestid 18-20 minutter.

6. Kom skaldyrene i gryden og kog i yderligere 1 minut. Tag gryden med risottoen af varmen. Server straks.

*Lammestegt med kartofler, hvidløg og rosmarin*

*Agnello al Forno*

**Tilbereder 6 måltider**

*Italienere ville klare sig godt med dette lam, men jeg synes, det smager bedst, når det er medium sjældent, omkring 130°F på et øjeblikkeligt termometer. Når lammet er stegt, sættes det til side, så saften kan vende tilbage til midten af kødet.*

6 store kartofler, skåret i 1-tommers stykker

3 spiseskefulde olivenolie

Salt og friskkværnet sort peber

1 lam, trimmet (ca. 5 1/2 lb)

6 fed hvidløg, finthakket

2 spsk friskhakket rosmarin

1. Sæt risten i midten af ovnen. Forvarm ovnen til 350 ° F. Læg kartoflerne i en bradepande, der er stor nok til at

dække kødet og kartoflerne. Smag til med olie, salt og peber efter smag.

**smelte**Brug en lille kniv til at lave små udskæringer på toppen af lammet. Gem lidt hvidløg og bønner til kartoflerne. Krydr kødet rigeligt med salt og peber. Fjern kartoflerne og tilsæt kødet, fedtsiden.

3.Sæt gryden i ovnen og kog i 30 minutter. Vend kartoflerne. Steg i yderligere 30 til 55 minutter, eller indtil den indre temperatur er 130°F på et indvendigt termometer indsat i den tykkeste del af kødet, væk fra benet. Tag gryden ud af ovnen og flyt lammet over på et skærebræt. Dæk kødet med alufolie. Stil til side i mindst 15 minutter før udskæring.

**fire.**Test kartoflerne ved at prikke dem med en skarp kniv. Hvis de har brug for mere mad, forvarm ovnen til 400 ° F. Sæt gryden på komfuret og kog indtil de er møre.

5.Skær lammet ud og server varmt sammen med kartoflerne.

*Lammelår med citron, krydderurter og hvidløg*

*agnello staccato*

**Tilbereder 6 måltider**

*Basilikum, brød, hvidløg og citronsmag til denne lammesteg. Der er ikke meget at lave i ovnen på én gang. Det er et godt supplement til en lille frokost eller søndagsmiddag. Kom eventuelt kartofler, gulerødder, majroer eller andre rodfrugter i gryden.*

1 lammelår, skåret i tynde skiver (ca. 3 kg)

2 fed hvidløg

2 spsk friskhakket basilikum

1 spsk hakket frisk brødkrummer

1/4 kop friskrevet Pecorino Romano eller Parmigiano-Reggiano

1 tsk citronskal

1 1/2 tsk tørret oregano

Salt og friskkværnet sort peber

2 spsk olivenolie

1.Sæt risten i midten af ovnen. Forvarm ovnen til 425°F.

**smelte**Hak hvidløg, basilikum og mynte fint. I en lille skål kombineres blandingen med ost, citronskal og oregano. Tilsæt 1 tsk salt og friskkværnet peber efter smag. Brug en lille kniv til at lave 3- til 4-tommer dybe udskæringer over hele kødet. Læg noget af urteblandingen i hvert hul. Gnid olien over kødet. Bages i 15 minutter.

3.Reducer varmen til 350 ° F. Bages i endnu en time, eller indtil kødet er mørt og en indre temperatur på 130 ° F er nået på et kødtermometer indsat i den tykkeste del, men ikke rører ved benet.

**fire.**Tag lammet ud af ovnen og overfør det til et skærebræt. Dæk lammet med aluminiumsfolie og stil til side i 15 minutter før udskæring. Serveres varm.

*Græskar fyldt med stuvet lam*

*Modne bær*

**Tilbereder 6 måltider**

*Et lammelår vil brødføde en flok, men jeg har ofte rester fra et lille måltid. Så laver jeg dette lækre fyldte græskar. Andre typer kogt kød eller fjerkræ kan erstattes.*

2-3 skiver (1-2 tommer tykke) italiensk brød

1 1/4 kop mælk

1 kilo kogt lam

2 store æg

2 spsk hakket frisk persille

2 fed hvidløg, finthakket

1/2 kop friskrevet Pecorino Romano eller Parmigiano-Reggiano

Salt og friskkværnet sort peber

6 mellemstore bær, vasket og hakket

2 kopper tomatsauce, f.eksMarinara sauce

1. Sæt risten i midten af ovnen. Forvarm ovnen til 425°F og bag et 13 x 9 x 2 tommer brød.

**smelte**Fjern skorpen fra brødet og skær brødet i stykker. (Du skal drikke ca. 1 kop.) Læg stykkerne i en mellemstor skål, tilsæt mælken og hæld over.

3. Hak kødet fint i en foodprocessor. Overfør til en stor tallerken. Tilsæt æg, persille, hvidløg, ristede rasp, 1-2 kopper ost og salt og peber efter smag. Bland godt.

**fire.**Skær purløget i halve på langs. Kværn frøene. Fyld melonen med kødblandingen. Læg melonen ved siden af gryden. Hæld saucen og drys med den resterende ost.

5. Bages i 35-40 minutter eller indtil fyldet er sat og grøntsagerne er møre. Serveres lun eller ved stuetemperatur.

*Kanin med hvidvin og krydderurter*

*Coniglio hvidvin*

**Laver 4 måltider**

*Dette er en opskrift på ligurisk kanin, der kan diversificeres ved at tilføje sorte eller grønne oliven eller andre urter. Kokke fra denne region tilbereder kaniner på forskellige måder, herunder: med pinjekerner, svampe eller artiskokker.*

1 kanin (21-23 pund), skåret i 8 stykker

Salt og friskkværnet sort peber

3 spiseskefulde olivenolie

1 lille løg, skåret i tynde skiver

1 1/2 kop finthakkede gulerødder

1 1/2 kop finthakket selleri

1 spsk hakkede friske rosmarinblade

1 tsk friskhakket timian

1 majroeblad

1 1/2 kop tør hvidvin

1 kop kyllingesuppe

1. Vask kaninstykkerne og tør dem med køkkenrulle. Smag til med salt og peber.

**smelte**Varm olien op i en stor gryde ved middel varme. Tilsæt kaninen og steg på siderne i cirka 15 minutter.

3. Spred løg, selleri, selleri og krydderurter rundt om kaninstykkerne og steg, indtil løget er blødt, cirka 5 minutter.

**fire.**Tilsæt vin og bring det i kog. Kog indtil det meste af væsken er fordampet, cirka 2 minutter. Tilsæt bouillon og bring det i kog. Reducer varmen. Dæk gryden til og kog, vend kaninen af og til med et spyd, indtil den er gennemboret med et spyd, cirka 30 minutter.

5. Overfør kaninen til et serveringsfad. Dæk til og hold varmt. Øg varmen og kog indtil indholdet af gryden er reduceret og tyknet, cirka 2 minutter. Kassér laurbærbladet.

6. Hæld grydens indhold over kaninen og server med det samme.

*Kanin med oliven*

*Coniglio alla stimperata*

**Laver 4 måltider**

*Rød peberfrugt, grønne oliven og laurbærblade tilføjer krydderi til denne sicilianske kaninret. Udtrykket alla stimperata bruges i forskellige sicilianske opskrifter, selvom dets betydning er uklar. Det kan komme fra et formsprog, der betyder "at smelte, smelte eller røre" og refererer til at tilføje vand til gryden, mens du tilbereder kaninen.*

1 kanin (21-23 pund), skåret i 8 stykker

1 1/4 kop olivenolie

3 fed hvidløg

1 kop grønne oliven, drænet, vasket og tørret

2 røde peberfrugter, skåret i tynde strimler

1 spsk, pandekage

en knivspids oregano

Salt og friskkværnet sort peber

2 spsk hvidvinseddike

1 1/2 kop vand

1.Vask kaninstykkerne og tør dem med køkkenrulle.

**smelte**Varm olien op i en stor gryde ved middel varme. Tilsæt kaninen og brun stykkerne godt på alle sider, cirka 15 minutter. Overfør kaninstykkerne til en tallerken.

3.Kom hvidløg i gryden og steg i 1 minut. Tilsæt oliven, peber, kapers og oregano. Kog i 2 minutter.

**fire.**Læg kaninen i gryden. Smag til med salt og peber efter smag. Tilsæt eddike og vand og bring det i kog. Reducer varmen. Rist kaninen, vend af og til, indtil den er gennemboret med en gaffel, cirka 30 minutter. Tilsæt lidt vand, hvis væsken fordamper. Overfør til en tallerken og server varm.

*Kanin i Porchetta stil*

*Italiensk svinerulle*

**Laver 4 måltider**

*Kombinationen af krydderier, der bruges til at tilberede svinekød, er så aromatisk, at kokke har tilpasset den til andet kød, der er mere egnet til madlavning. I Marsh-regionen bruges vild fennikel, men den kan erstattes med tørrede fennikelfrø.*

1 kanin (21-23 pund), skåret i 8 stykker

Salt og friskkværnet sort peber

2 spsk olivenolie

2 ounce bacon

3 fed hvidløg, finthakket

2 spsk friskhakket rosmarin

1 spsk fennikelfrø

2 eller 3 normale blade

1 majroeblad

1 glas tør hvidvin

1 1/2 kop vand

**1.** Vask kaninstykkerne og tør dem med køkkenrulle. Smag til med salt og peber.

**smelte**I en gryde, der er stor nok til at holde kaninstykkerne i et enkelt lag, opvarmes olien over medium varme. Læg stykkerne i gryden. Fordel baconen over hele overfladen. Kog indtil kaninen er brunet på den ene side, cirka 8 minutter.

**3.** Vend kaninen og drys det hele med hvidløg, rosmarin, purløg, laurbærblade og laurbærblade. Når kaninen er brun på den anden side, ca Efter 7 minutter tilsættes vinen og bunden af gryden sis. Kog vinen i 1 minut.

**fire.** Kog i cirka 30 minutter, vend kødet af og til, indtil kaninen er meget mør og falder af benet. (Der er tykt brød i gryden, tilsæt lidt vand.)

**5.** Kassér laurbærbladet. Overfør kaninen til et serveringsfad og server lun med pandesaften.

*Kanin med tomater*

*Coniglio alla Ciociara*

**Laver 4 måltider**

*I Ciociara-regionen uden for Rom, kendt for sine krydrede smage, tilberedes kanin i en sauce af tomater og hvidvin.*

1 kanin (21-23 pund), skåret i 8 stykker

2 spsk olivenolie

2 ounce pancetta, groft hakket og skåret i tern

2 spsk hakket frisk persille

1 fed hvidløg, let knust

Salt og friskkværnet sort peber

1 glas tør hvidvin

2 kopper blommetomater, skrællet, udsået og skåret i tern

1. Vask kaninstykkerne og tør dem derefter med køkkenrulle. Varm olien op i en stor gryde ved middel varme. Læg

kaninen i gryden, og tilsæt derefter pancetta, persille og hvidløg. Kog indtil kaninen er godt opvarmet på alle sider, cirka 15 minutter. Smag til med salt og peber.

**smelte**Fjern hvidløget fra gryden og kassér det. Tilsæt vin og kog i 1 minut.

**3.**Reducer varmen. Tilsæt tomaterne, og lad det simre, indtil kaninen er mør og falder af benet, cirka 30 minutter.

**fire.**Kom kaninen over på et fad og server lun med saucen.

*Sød og sur ristet kanin*

*Agrodolce de Coniglio*

**Laver 4 måltider**

*Sicilianere er kendt for deres sødme, en arv fra maurisk styre på øen, der varede mindst to hundrede år. Rosiner, sukker og eddike giver denne kanin en let sød og syrlig smag.*

1 kanin (21-23 pund), skåret i 8 stykker

2 spsk olivenolie

2 ounce tykt skåret svinekød, små

1 mellemstor løg, skåret i tynde skiver

Salt og friskkværnet sort peber

1 glas tør hvidvin

2 krabber

1 majroeblad

1 kop okse- eller hønsebouillon

1 tsk sukker

1 1/4 kop hvidvinseddike

2 spsk rosiner

2 spsk pinjekerner

2 spsk hakket frisk persille

1. Vask kaninstykkerne og tør dem derefter med køkkenrulle. Varm olien og pancettaen op i en stor gryde ved middel varme i 5 minutter. Tilsæt kaninen og steg indtil den er brunet på den ene side, cirka 8 minutter. Vend de snittede kaninstykker og fordel løget på alle sider. Smag til med salt og peber.

**smelte**Tilsæt vin, selleri og laurbærblade. Bring væsken i kog og kog indtil det meste af vinen er fordampet, cirka 2 minutter. Tilsæt bouillon og dæk gryden. Skru ned for varmen og lad det simre i 30-55 minutter, indtil kaninen er mør.

3. Overfør kaninstykkerne til en tallerken. (Hvis der er for meget væske, kog ved høj varme, indtil det er reduceret.)

Tilsæt sukker, eddike, rosiner og pinjekerner. Rør indtil sukkeret er opløst, cirka 1 minut.

**fire.**Kom kaninen tilbage i gryden og kog, vend stykkerne i saucen, indtil den er godt dækket, cirka 5 minutter. Tilsæt persille og server varm med pandesaft.

*Kanin skal steges med kartofler*

Coniglio Arrosto

**Laver 4 måltider**

*Hos min veninde Dora Marzowila starter søndagsfrokost eller et særligt festmåltid ofte med dampede og let ristede grøntsager såsom artiskokhjerter eller asparges, efterfulgt af orecchiette eller dampet cavatelli med let tilberedt krydret brød. . Champignon. Dora fra Rutigliano i Puglia er en fantastisk kok, og kaninretten, der serveres som hovedret, er en af disse specialiteter.*

1 kanin (21-23 pund), skåret i 8 stykker

1 1/4 kop olivenolie

1 mellemstor løg, skåret i tynde skiver

2 spsk hakket frisk persille

1 2 glas tør vin

Salt og friskkværnet sort peber

4 mellemstore kartofler, skrællet og skåret i 1-tommers terninger

1 1/2 kop vand

1 1/2 tsk oregano

1. Vask kaninstykkerne og tør dem med køkkenrulle. Opvarm to spiseskefulde olie i en stor stegepande over medium varme. Tilsæt kanin, løg og persille. Bages, vend stykkerne af og til, indtil de er let brunede, cirka 15 minutter. Tilsæt vin og kog i yderligere 5 minutter. Smag til med salt og peber.

**smelte**Sæt risten i midten af ovnen. Forvarm ovnen til 425°F, smør en pande, der er stor nok til at holde alle ingredienser i ét lag.

3. Fordel kartoflerne i gryden og vend med de resterende 2 spsk olie. Kom ingredienserne i gryden og arranger kaninstykkerne rundt om kartoflerne. Tilsæt vand. Smag til med oregano, salt og peber. Dæk fadet med alufolie. Bages i 30 minutter. Dæk til og kog i yderligere 20 minutter, eller indtil kartoflerne er møre.

**fire.** Overfør til en serveringsfad. Serveres varm.

*marinerede artiskokker*

Marinerede artiskokker

**Tilbereder måltider fra 18:00 til 20:00**

Disse artiskokker er gode i salater, krydrede eller som en del af et antipasto-sortiment. Artiskokker kan opbevares i køleskabet i mindst to uger.

Hvis du ikke har babyskokker, skal du erstatte dem med mellemstore artiskokker skåret i otte tern.

1 kop hvidvinseddike

2 kopper vand

1 majroeblad

1 fed hvidløg

8 til 12 unge artiskokker, trimmet og opstammet (se billedeForberedelse af hele artiskokker)

malet rød peber pulver

Salt

Ekstra jomfru oliven olie

**1.** I en stor gryde kombineres eddike, vand, laurbærblad og hvidløg. Kog væsken.

**smelte** Tilsæt artiskokker, stødt rød peber og salt efter smag. Bages i 7-10 minutter, indtil de er gennemboret med en kniv. Fjern fra varmen. Hæld grydens indhold gennem en fin sigte i en skål. Gem væsken.

**3.** Læg artiskokkerne i steriliserede glas. Hæld kogevæske i, så det dækker. Lad det køle helt af. Dæk til og stil på køl i mindst 24 timer eller op til 2 uger.

**fire.** Inden servering drænes artiskokkerne og blandes med olien.

*romerske artiskokker*

Artiskokker alla Romana

**Tilbereder 8 måltider**

Små gårde i Rom producerer store mængder artiskokker om foråret og efteråret. Små lastbiler tager dem til hjørnemarkeder, hvor de sælges lige fra bagsiden af lastbilen. Artiskokker har lange stængler og blade, fordi stænglerne spises bedst med skindet på. Romerne kogte artiskokker med stilkene. Det ser meget attraktivt ud, når det placeres på et serveringsfad.

2 store fed hvidløg, finthakket

2 spsk hakket frisk persille

1 spsk hakket frisk brødkrummer eller 1-2 teskefulde tørret merian

Salt og friskkværnet sort peber

1 1/4 kop olivenolie

8 mellemstore artiskokker, klar til at blive fyldt (se billedeForberedelse af hele artiskokker)

1 1/2 kop tør hvidvin

**1.** I en lille skål blandes hvidløg, persille og rasp eller merian. Tilsæt salt og peber efter smag. Tilsæt 1 spsk olie.

**smelte**Fold forsigtigt artiskokbladene ud og pres noget af hvidløgsblandingen ind i midten. Nedsænk artiskokkerne let for at fylde dem, og læg stilkene i en skål, der er stor nok til at stå oprejst. Hæld vinen rundt om artiskokkerne. Tilsæt vand til en dybde på 3/4 tommer. Dryp den resterende olie over artiskokkerne.

**3.** Dæk gryden til og bring væsken i kog ved middel varme. Kog i 45 minutter, eller indtil artiskokkerne er møre, når de stikkes igennem med en kniv. Serveres lun eller ved stuetemperatur.

*kogte artiskokker*

Kog artiskokkerne

**Tilbereder 8 måltider**

*Artiskokker tilhører tornefamilien og vokser på korte, spinkle planter. De findes i mange områder i det sydlige Italien, og mange mennesker dyrker dem i deres haver. Koglen er faktisk en uåbnet blomst. Større artiskokker vokser i toppen af stilken, mens mindre artiskokker vokser nær bunden. Baby artiskokker, ofte kaldet kylling artiskokker, er gode til madlavning. Forbered dem til madlavning som større artiskokker. Konsistensen og smagen af den søde dej er især god til fisk.*

1 lille løg, skåret i tynde skiver

1 1/4 kop olivenolie

1 fed hvidløg, finthakket

2 spsk hakket frisk persille

2 kg babyartiskok, klippe og skændes

1 1/2 kop vand

Salt og friskkværnet sort peber

**1.** I en stor gryde steges løget i olie ved middel varme, indtil det er blødt, cirka 10 minutter. Tilsæt hvidløg og persille.

**smelte**Kom artiskokkerne i gryden og bland godt. Tilsæt vand, salt og peber efter smag. Dæk til og lad det simre, indtil artiskokkerne er møre, når de gennembores med en kniv, cirka 15 minutter. Serveres lun eller ved stuetemperatur.

**Lave om:** I trin 2 tilsættes 3 mellemstore kartofler, skrællet og skåret i 1-tommers terninger sammen med løget.

*Artiskokker i jødisk stil*

*Artiskokker alla Giudia*

**Laver 4 måltider**

*Jøder ankom først til Rom i det 1. århundrede f.Kr. De slog sig ned nær Tiberen og blev fængslet i en muret ghetto i 1556 af pave Paul IV. De fleste var fattige og overlevede på simple og billige fødevarer som torsk, græskar og artiskokker. Da ghettomurene faldt i midten af det 19. århundrede, udviklede jøder i Rom en måde at lave mad på, som var anderledes end andre romere. I dag er jødiske retter såsom stegt frossen blomkål,Gnocchi med semuljeog disse artiskokker betragtes som romerske klassikere.*

*Det jødiske kvarter i Rom eksisterer stadig, og der er gode restauranter, hvor du kan prøve denne madlavningsstil. På to yndlingstrattori Piperno og Da Giggetto serveres disse bagte artiskokker varme med masser af salt. Bladene er sprøde som kartoffelchips. Keglen knækker under tilberedningen, så hold dig væk fra ovnen og beskyt dine hænder.*

**4 køretøjerartiskokklar til at blive fyldt**

olivenolie

Salt

**1.** Tør artiskokkerne. Læg artiskokken på hovedet på en flad overflade. Tryk på artiskokken med hånden for at flade den og åbne bladene. Gentag med de resterende artiskokker. Vend bladene, så enderne vender opad.

**smelte**I en stor, dyb stegepande eller bred, tung stegepande, opvarm 2 tommer olivenolie over medium varme, indtil artiskokbladene er store og brune i olien. Beskyt dine hænder med ovnen, for hvis artiskokken er våd, kan olien sprøjte og revne. Tilsæt artiskokkerne sammen med enderne af bladene. Steg artiskokkerne i olie, indtil de er brune på den ene side, og tryk dem ned med en lille ske, cirka 10 minutter. Brug en tang til at vende forsigtigt artiskokkerne og kog indtil de er gyldenbrune, cirka 10 minutter.

**3.** Hæld vand på køkkenpapir. Drys med salt og server med det samme.

*Rumænske forårsgrøntsager*

*Vignarola*

**Spiser 4-6 måltider**

*Italienerne er meget i harmoni med årstiderne, og udseendet af de første forårsblomster varsler slutningen af vinteren og den snart tilbagevenden af varmt vejr. For at fejre det, spiser romerne denne friske forårsgrøntsagssmag med artiskokker som hovedret.*

4 ounces skåret pancetta, hakket

1 1/4 kop olivenolie

1 mellemstor løg, hakket

4 køretøjerartiskok, klippe og skændes

I stedet 1 pund friske bønner, afskallede eller 1 kop kidneybønner eller frosne ærter

   1-2 kopper Kyllingefond

Salt og friskkværnet sort peber

1 pund friske kikærter, afskallede (ca. 1 kop)

2 spsk hakket frisk persille

1. I en stor stegepande steges pancettaen i olie ved middel varme. Kog, omrør ofte, indtil pancettaen er brunet, cirka 5 minutter. Tilsæt løget og steg indtil det er gyldent brunt, cirka 10 minutter.

**smelte**Tilsæt artiskokker, bondebønner, bouillon, salt og peber efter smag. Reducer varmen. Dæk til og kog i 10 minutter, indtil artiskokkerne er møre, når de stikkes med en kniv. Tilsæt kikærter og persille og kog i yderligere 5 minutter. Serveres lun eller ved stuetemperatur.

*Sprøde artiskokhjerter*

*Nej, Fritti*

**Tilbereder måltider fra 18:00 til 20:00**

*I USA dyrkes artiskokker hovedsageligt i Californien, hvor de først blev plantet af italienske immigranter i begyndelsen af det 20. århundrede. Sorterne er forskellige fra dem i Italien og er ofte meget modne, når de høstes, hvilket nogle gange gør dem hårde og træagtige. Frosne artiskokhjerter er fantastiske og sparer en masse tid. Jeg bruger dem nogle gange til denne opskrift. Kogte artiskokhjerter er lækre som lammegryderet eller som forret.*

12 børnartiskok2 (10-ounce) pakker frosne artiskokhjerter, skåret i skiver og udhulet eller let kogt i henhold til pakkens anvisninger

3 store æg

Salt

2 kopper tørre brødkrummer

fritureolie

Citronskiver

1.Friske eller kogte tørrede artiskokker. I en mellemstor, lav skål piskes æggene med salt efter smag. Fordel brødkrummerne på et stykke vokspapir.

**smelte**Læg en afkølingsrist på en bageplade. Dyp artiskokkerne i æggeblandingen, og dyp dem derefter i rasp. Læg artiskokkerne på en rist til tørre i mindst 15 minutter før tilberedning.

3.Beklæd en tallerken med køkkenpapir. Hæld olie 1 tomme dybt i en stor, tung stegepande. Varm olien op til størrelsen af æggeblandingen. Tilføj nok artiskokker til at passe behageligt i gryden uden at overfylde dem. Vend stykkerne med læben og kog indtil de er gyldenbrune, cirka 4 minutter. Afdryp på køkkenpapir og mens de resterende artiskokker bager skæres evt.

**fire.**Drys med salt og server varm med citronbåde.

*fyldte artiskokker*

Moden artiskok

**Tilbereder 8 måltider**

Sådan laver min mor altid artiskokker: det er en vidunderlig ret i det sydlige Italien. Lige nok til at krydre artiskokkerne og få deres smag frem. For meget fyld gør dejen hård og tung, så overdriv det ikke og brug i det mindste brødkrummer af god kvalitet. Artiskokker kan tilberedes på forhånd og serveres ved stuetemperatur eller spises lune og friske.

8 mediumartiskokklar til at fylde

3/4 kopper tørre brødkrummer

1 1/4 kop hakket frisk persille

1/4 kop friskrevet Pecorino Romano eller Parmigiano-Reggiano

1 fed hvidløg, hakket meget fint

Salt og friskkværnet sort peber

olivenolie

1. Brug en stor kokkekniv til at skære artiskokstænglerne i tynde skiver. Læg stilkene i en stor skål med brødkrummer, persille, ost, hvidløg og salt og peber efter smag. Tilsæt lidt olie og rør rundt for at fugte neglebåndene jævnt. Eksperimenter med smag og juster.

**smelte**Skil forsigtigt bladene ad. Fyld forsigtigt midten af artiskokken med blandingen, og tilføj lidt fyld mellem bladene. Lad være med at oplade.

3. Læg artiskokkerne i en skål, der er bred nok til at stå oprejst. Tilsæt vand til en dybde på 3-4 centimeter omkring artiskokkerne. Vend artiskokkerne med 3 spsk olivenolie.

**fire.**Dæk gryden til og hold den over medium varme. Når vandet koger reduceres varmen. Kog i ca. Bages i 40-50 minutter (afhængig af artiskokkernes størrelse) eller til bunden af artiskokken er mør, når den stikkes igennem med en kniv, og bladet kommer let ud. Tilføj mere varmt vand for at forhindre forbrænding. Serveres lun eller ved stuetemperatur.

*Fyldte artiskokker i siciliansk stil*

*Artiskokker alla Siciliana*

**Laver 4 måltider**

Siciliens varme og tørre klima er ideelt til dyrkning af artiskokker. Planter med sølvfarvede blade er meget smukke, og mange mennesker bruger dem som prydbuske i deres hjemhaver. I slutningen af sæsonen flækkes de resterende artiskokker af planten op, hvilket afslører den fuldt modne knold med en lilla og siv-center.

Dette er den sicilianske måde at fylde artiskokker på, som er mere kompliceretfyldte artiskokkermedicinske recepter. Den serveres som første ret før grillet fisk eller et stykke lam.

4 køretøjerartiskokklar til at fylde

1 1/2 kop brødkrummer

4 ansjosfileter, skåret i tynde skiver

2 spsk hakkede frikadeller

2 spsk ristede pinjekerner

2 spsk gyldne rosiner

2 spsk hakket frisk persille

1 fed hvidløg, finthakket

Salt og friskkværnet sort peber

4 spiseskefulde olivenolie

1 1/2 kop tør hvidvin

Vand

1. Kombiner brødkrummer, ansjoser, kapers, pinjekerner, rosiner, persille, hvidløg, salt og peber i en mellemstor skål. Tilsæt to spiseskefulde olie.

**smelte**Skil forsigtigt bladene ad. Fyld artiskokkerne løst med brødblandingen, læg dem mellem bladene. Lad være med at oplade.

3. Læg artiskokkerne i en gryde, der er stor nok til at holde dem oprejst. Tilsæt vand til en dybde på 3-4 centimeter

omkring artiskokkerne. Pisk de resterende 2 spsk smør i. Hæld vinen rundt om artiskokkerne.

**fire.**Dæk gryden til og hold den over medium varme. Når vandet koger reduceres varmen. Kog i 40-50 minutter (afhængig af artiskokkernes størrelse) eller indtil artiskokkerne er møre, når de stikkes igennem med en kniv, og bladene kommer let ud. Tilføj mere varmt vand for at forhindre forbrænding. Serveres lun eller ved stuetemperatur.

*Asparges "i en gryde"*

*Krage i gryden*

**Spiser 4-6 måltider**

*Denne krage rødmer hurtigt. Tilsæt eventuelt hakket hvidløg eller friske krydderurter.*

3 spiseskefulde olivenolie

1 kilo asparges

Salt og friskkværnet sort peber

2 spsk hakket frisk persille

1. Skær bunden af aspargesene af, hvor de bliver hvide til grønne. Skær aspargesene i 2-tommers stykker.

**smelte**Varm olien op i en stor gryde ved middel varme. Tilsæt asparges, salt og peber efter smag. Kog i 5 minutter under jævnlig omrøring, indtil aspargesene er møre.

3. Dæk gryden til og kog i yderligere 2 minutter eller indtil aspargesene er møre. Tilsæt persille og server med det samme.

*Asparges med olivenolie og eddike*

*Asparges salat*

**Spiser 4-6 måltider**

*Når de første lokalt dyrkede spyd dukker op om foråret, tilbereder jeg dem i store mængder for at tilfredsstille den lange vinters voksende appetit. Smid aspargesene i dressingen, mens de stadig er varme for at absorbere smagen.*

1 kilo asparges

Salt

1 1/4 kop ekstra jomfru olivenolie

1-2 spsk rødvinseddike

friskkværnet sort peber

1. Skær bunden af aspargesene af, hvor de bliver hvide til grønne. Kog cirka 2 cm vand i en stor gryde. Smag til med asparges og salt efter smag. Kog aspargesene i 4 til 8 minutter, indtil de bøjer lidt, når de trækkes fra stilken.

Tilberedningstiden afhænger af dejens tykkelse. Fjern aspargesene med et dørslag. Afdryp og tør på køkkenrulle.

**smelte**Kombiner olie, eddike, en knivspids salt og masser af peber i en stor, lav skål. Pisk med en gaffel indtil det er blandet. Tilsæt asparges og vend forsigtigt, indtil de er dækket. Serveres lun eller ved stuetemperatur.

*Asparges med citronsmør*

*Jeg vil købe æselasparges*

**Spiser 4-6 måltider**

*Denne grundlæggende metode til tilberedning af asparges passer til næsten alt, fra æg til fisk. Tilsæt friskhakket purløg, persille eller basilikum til olivenolien.*

1 kilo asparges

Salt

2 spsk usaltet smør, smeltet

1 spsk frisk citronsaft

friskkværnet sort peber

1. Skær bunden af aspargesene af, hvor de bliver hvide til grønne. Kog cirka 2 cm vand i en stor gryde. Smag til med asparges og salt efter smag. Kog aspargesene i 4 til 8 minutter, indtil de bøjer lidt, når de trækkes fra stilken. Tilberedningstiden afhænger af dejens tykkelse. Fjern

aspargesene med et dørslag. Dræn dem på køkkenpapir og tør dem.

**smelte**Ryd brættet. Tilsæt smørret og kog over medium varme, indtil det er smeltet, cirka 1 minut. Tilsæt citronsaft. Læg aspargesene tilbage på tallerkenen. Drys med peber og rør forsigtigt til belægning. Server straks.

*Asparges med forskellige saucer*

**Spiser 4-6 måltider**

*Kogte asparges smager fantastisk serveret ved stuetemperatur med forskellige saucer. Den er perfekt til aftensmad, fordi den kan tilberedes på forhånd. Det er lige meget om de er tykke eller tynde, men prøv at få aspargesene til at have samme størrelse, så de koger jævnt.*

mayonnaise med olivenolie, orange mayonnaiseEllerGrøn sauce

1 kilo asparges

Salt

1. Tilbered eventuelt sovs eller sovs. Skær derefter bunden af stilken af, hvor den bliver fra hvid til grøn.

**smelte**Kog cirka 2 cm vand i en stor gryde. Smag til med asparges og salt efter smag. Kog aspargesene i 4 til 8 minutter, indtil de bøjer lidt, når de trækkes fra stilken. Tilberedningstiden afhænger af dejens tykkelse.

3. Fjern aspargesene med et dørslag. Dræn dem på køkkenpapir og tør dem. Server aspargesene ved stuetemperatur med en eller flere saucer.

Asparges med Kefir og Æggedressing

Asparges med kapers og æg

**Spiser 4-6 måltider**

I Trentino-Alto Adige og Veneto er tykke hvide ribs en forårstradition. De bages og koges, tilsættes risotto, supper og salater. Æggesauce, citronsaft, persille og kapers er populære krydderier.

1 kilo asparges

Salt

1 1/4 kop olivenolie

1 tsk frisk citronsaft

hjørnet af den nye jord

1 terning hårdkogt æg

2 spsk hakket frisk persille

1 spiseskefuld hætte, skyl og tør

1. Skær bunden af aspargesene af, hvor de bliver hvide til grønne. Kog cirka 2 cm vand i en stor gryde. Smag til med asparges og salt efter smag. Kog aspargesene i 4 til 8 minutter, indtil de bøjer lidt, når de trækkes fra stilken. Tilberedningstiden afhænger af dejens tykkelse. Fjern aspargesene med et dørslag. Dræn dem på køkkenpapir og tør dem.

**smelte**I en lille skål blandes olie, citronsaft og en knivspids salt og peber. Tilsæt æg, persille og kapers.

3. Læg aspargesene på en tallerken og hæld saucen over. Server straks.

*Asparges med parmesan og smør*

**Asparges alla Parmigiana**

**Spiser 4-6 måltider**

*Selvom det spises i forskellige regioner, kaldes det nogle gange asparges alla Milanese (milanesiske asparges). Finder du en hvid krage, er den særdeles velegnet til denne behandling.*

1 kilo tykke asparges

Salt

2 spsk usaltet smør

friskkværnet sort peber

1½ kopper revet Parmigiano-Reggiano

**1.** Skær bunden af aspargesene af, hvor de bliver hvide til grønne. Kog cirka 2 cm vand i en stor gryde. Smag til med asparges og salt efter smag. Kog aspargesene i 4 til 8 minutter, indtil de bøjer lidt, når de trækkes fra stilken. Tilberedningstiden afhænger af dejens tykkelse. Fjern aspargesene med et dørslag. Dræn dem på køkkenpapir og tør dem.

**smelte**Sæt risten i midten af ovnen. Forvarm ovnen til 450 ° F. Smør en stor ildfast fad.

3.Læg aspargesene i et let smurt ovnfast fad. Bland med smør og drys med peber og ost.

**fire.**Bag i 15 minutter eller indtil osten er smeltet og gyldenbrun. Server straks.

*Asparges og prosciutto wraps*

*Fagottini di Asparagi*

**Laver 4 måltider**

*For en mere hjertelig smag tilføjer jeg nogle gange stykker af Fontina Valle d'Aosta, mozzarella eller en anden ost, der smelter godt til hver pakke.*

1 kilo asparges

Salt og friskkværnet peber

Importeret 4-delt italiensk prosciutto

2 spsk smør

1⁄4 kopper revet Parmigiano-Reggiano

1. Skær bunden af aspargesene af, hvor de bliver hvide til grønne. Kog cirka 2 cm vand i en stor gryde. Smag til med asparges og salt efter smag. Kog aspargesene i 4 til 8 minutter, indtil de bøjer lidt, når de trækkes fra stilken.

Tilberedningstiden afhænger af dejens tykkelse. Fjern aspargesene med et dørslag. Afdryp og tør på køkkenrulle.

**smelte**Sæt risten i midten af ovnen. Forvarm ovnen til 350 ° F. Smør en stor ildfast fad.

**3.**Smelt hvidløget i en stor gryde. Tilsæt kapers og smag til med salt og peber. Vend forsigtigt aspargesene med to spatler for at beklæde dem med olien.

**fire.**Del aspargesene i 4 grupper. Placer hver klynge i midten af en skive Serranoskinke. Dæk aspargesene med en spids Serranoskinke. Læg pakkerne på en bageplade. Drys med Parmigiano.

**5.**Bag aspargesene i 15 minutter, eller indtil osten smelter, og der dannes en skorpe. Serveres varm.

*Bagte asparges*

*Asparges al Forno*

**Spiser 4-6 måltider**

*Madlavning bruner kastanjerne og bringer deres naturlige sødme frem. Perfekt til madlavning. Du kan tage kødet ud af ovnen og tilberede det, mens aspargesene hviler. Brug tykke asparges til denne opskrift.*

1 kilo asparges

1 1/4 kop olivenolie

Salt

**1.**Sæt risten i midten af ovnen. Forvarm ovnen til 450°F og skær bunden af aspargesene af, hvor stilken bliver fra hvid til grøn.

**smelte**Læg aspargesene i et enkelt lag på en stor bageplade. Smag til med olie og salt. Kast den ene side af aspargesene for at dække dem med olie.

**3.**Kog i 8-10 minutter eller indtil aspargesene er møre.

*Asparges i Zabaglioni*

*Asparges allo Zabaione*

**Tilbereder 6 måltider**

*Zabaglione er en luftig æggekonserves, normalt sødet til dessert. I dette tilfælde piskes æg med hvidvin og uden sukker og serveres over asparges. Dette er en fantastisk førsteret til en forårsmiddag. Det er valgfrit at skrælle aspargesene, men sørg for at aspargesene er møre fra ende til anden.*

1 1/2 pund asparges

2 store æggeblommer

1 1/4 kop tør hvidvin

Spidsen af en saltkniv

1 spsk usaltet smør

1. Skær bunden af aspargesene af, hvor de bliver hvide til grønne. For at skrælle aspargesene skal du starte ved

spidsen og bruge en roterende skræller til at fjerne det mørkegrønne skind helt ud til enden af stilken.

**smelte**Kog cirka 2 cm vand i en stor gryde. Smag til med asparges og salt efter smag. Kog aspargesene i 4 til 8 minutter, indtil de bøjer lidt, når de trækkes fra stilken. Tilberedningstiden afhænger af dejens tykkelse. Fjern aspargesene med et dørslag. Afdryp og tør på køkkenrulle.

3.Der skal være omkring en tomme vand i den nederste halvdel af gryden eller elkedlen. Læg æggeblommer, vin og salt i en varmefast skål, der passer godt over gryden eller gryden uden at røre vandet.

**fire.**Pisk æggeblandingen, indtil den er blandet, og sæt derefter gryden eller panden over kogende vand. Pisk med en elektrisk håndmikser eller piskeris, indtil blandingen er lys i farven, og dejen danner en glat form, når den løftes. 5 minutter. Pisk smørret, indtil det er blandet.

5.Hæld den varme sauce over aspargesene og server med det samme.

*Asparges med taleggio og pinjekerner*

*Asparges med Taleggio og Pinola*

**Tilbereder måltider fra 18:00 til 20:00**

*Ikke langt fra byen ligger Trattoria Milane, den berømte milanesiske gastronomi (gourmet købmandsbutik). En lækker, semi-blød, smøragtig komælksost lavet lokalt og en af de bedste oste i Italien, dette er et fantastisk sted at prøve enkle, klassiske lombardiske retter såsom asparges dækket med taleggi. Hvis Taleggio ikke er tilgængelig, kan Fontina eller Bel Paese erstattes.*

2 kg asparges

Salt

2 spsk usaltet smør, smeltet

6 ounce taleggio, Fontina Valle d'Aosta eller Bel Paese, skåret i små stykker

1/4 kop hakkede pinjekerner eller skivede mandler

1 spsk brødkrummer

1. Sæt risten i midten af ovnen. Forvarm ovnen til 450°F og bag et 13 x 9 x 2 tommer brød.

**smelte**Skær bunden af aspargesene af, hvor de bliver hvide til grønne. For at skrælle aspargesene skal du starte ved spidsen og bruge en roterende skræller til at fjerne det mørkegrønne skind helt ud til enden af stilken.

3. Kog cirka 2 cm vand i en stor gryde. Smag til med asparges og salt efter smag. Kog aspargesene i 4 til 8 minutter, indtil de bøjer lidt, når de trækkes fra stilken. Tilberedningstiden afhænger af dejens tykkelse. Fjern aspargesene med et dørslag. Dræn dem på køkkenpapir og tør dem.

**fire.**Stil formen på en bageplade. Leg med smørret. Fordel osten over aspargesene. Drys med nødder og rasp.

5. Bag indtil osten er smeltet og pekannødder er gyldne, cirka 15 minutter. Serveres varm.

*asparges tymbaler*

*Aspargesene falder*

**Tilbereder 6 måltider**

*Silkecremer som denne er gammeldags, men de er stadig populære på mange italienske restauranter, primært fordi de er så lække. Næsten alle grøntsager kan laves på denne måde, og disse små rammer er perfekte til en vegetarisk forret, forret eller hovedret. Sformatini, bogstaveligt talt "uformede ting", serveres simpelthen med tomatsauce eller ost eller omgivet af syltede grøntsager.*

1 kop Bechamel sauce

1 1/2 kg asparges, hakket

3 store æg

1 1/4 kopper revet Parmigiano-Reggiano

Salt og friskkværnet sort peber

1. Tilbered eventuelt béchamel. Kog cirka 2 cm vand i en stor gryde. Smag til med asparges og salt efter smag. Kog aspargesene i 4 til 8 minutter, indtil de bøjer lidt, når de trækkes fra stilken. Tilberedningstiden afhænger af dejens tykkelse. Fjern aspargesene med et dørslag. Dræn dem på køkkenpapir og tør dem. Skær 6 ender af og sæt til side.

**smelte**Kom aspargesene i en foodprocessor og kør til de er bløde. Bland æg, béchamel, ost, 1 tsk salt og peber efter smag.

3. Sæt risten i midten af ovnen. Forvarm ovnen til 350 ° F og smør rigeligt seks kop eller 6-ounce ramekins. Hæld aspargesblandingen i skåle. Placer kopperne i en stor skål og hæld kogende vand over siderne af kopperne.

**fire.**Bages i 50-60 minutter, eller indtil en kniv, der stikkes i midten, kommer ren ud. Fjern ramekins fra panden og kør en lille kniv rundt om kanterne. Vend ramekins i tallerkener. Serveres varm med reserverede aspargesspidser.

*Bønner i landlig stil*

*Bønner alle Paesana*

**Gør omkring 6 kopper bønner til 10-12 portioner**

*Dette er den grundlæggende tilberedningsmetode for alle typer bønner. Spirede bønner kan gære, hvis de står ved stuetemperatur, så jeg opbevarer dem i køleskabet. Når den er kogt, serveres den som et skvæt ekstra jomfru olivenolie eller som en tilføjelse til supper eller salater.*

1 kg blåbær, cannellini eller andre tørrede bønner

1 gulerod, skåret i skiver

1 stilk bladselleri

1 løg

2 fed hvidløg

2 spsk olivenolie

Salt

1. Vask bønnerne og fjern eventuelle knækkede bønner eller små sten.

**smelte**Placer bønnerne i en stor skål med koldt vand til at dække med 2 inches. Afkøl natten over i 4 timer.

3. Dræn bønnerne og fyld en stor gryde med koldt vand til at dække med 1 tomme. Bring vandet i kog ved middel varme. Reducer varmen og skum af skummet, der stiger til toppen. Når det holder op med at skumme tilsættes grøntsagerne og olivenolie.

**fire.**Dæk gryden til og lad det simre, indtil bønnerne er meget bløde og cremede, tilsæt mere vand, hvis det er nødvendigt, 1 1-2-2 timer. Tilsæt salt efter smag og lad det stå i cirka 10 minutter. Kassér grøntsager. Serveres lun eller ved stuetemperatur.

*Toscanske bønner*

*Bønner til aftensmad*

## Tilbereder 6 måltider

Toscanerne er mestre i bønnekøkken. Kog de tørrede bønner og krydderurter i en knapt boblende væske. Lang, langsom tilberedning giver bløde, cremede bønner, der bevarer deres form under tilberedning.

Smag altid på flere kerner for at se, om de er kogte, da de ikke alle vil koge på samme tid. Efter tilberedning lader jeg bønnerne stå i ovnen et stykke tid for at sikre, at de er færdige. Det er godt, når det er varmt og perfekt varmt.

Bønner er gode som tilbehør eller suppe, eller prøv dem med varmt ristet italiensk brød, der er gnedet med hvidløg og dryppet med smør.

8 ounces tørret cannellini, kikærter eller andre bønner

1 fed hvidløg, finthakket

6 friske laurbærblade eller purløg eller 3 kviste frisk timian

Salt

Ekstra jomfru oliven olie

friskkværnet sort peber

1. Vask bønnerne og fjern eventuelle knækkede bønner eller små sten. Placer bønnerne i en stor skål med koldt vand til at dække med 2 inches. Afkøl natten over i 4 timer.

**smelte**Forvarm ovnen til 300°F, hæld bønnerne i, og sæt dem i en hollandsk ovn eller en anden dyb, tung gryde med et tætsluttende låg. Tilføj frisk vand til at dække med 1 tomme. Tilsæt hvidløg og skalotteløg. Bring det i kog ved svag varme.

3. Luk låget på gryden og stil det på den fælles del af komfuret. Kog indtil bønnerne er meget møre, 1 time 15 minutter eller længere, afhængig af bønnernes type og alder. Tjek om der skal mere vand til for at dække bønnerne. Nogle bønner kan kræve yderligere 30 minutters tilberedning.

**fire.** Prøv bønnerne. Når de er helt bløde smages til med salt. Stil bønnerne til side i 10 minutter. Den serveres varm med et skvæt olivenolie og en knivspids sort peber.

*bønnesalat*

*Fagioli salat*

**Laver 4 måltider**

*At smage på bønnerne, mens de er varme, hjælper med at absorbere smagene.*

2 spsk ekstra jomfru olivenolie

2 spsk frisk citronsaft

Salt og friskkværnet sort peber

2 kopper stegte eller dåse refried bønner, såsom cannellini eller kidneybønner

1 gul peberfrugt, hakket

1 kop cherrytomater, halveret eller i kvarte

2 grønne løg, skåret i 1-2 tommer stykker

1 gruppe rucola, fast

**1.** I en mellemstor skål smages til med olie, citronsaft, salt og peber. Dræn bønnerne og tilsæt dressingen. Bland godt. Lad stå i 30 minutter.

**smelte**Tilsæt peberfrugt, tomater og løg og bland. Smag til og juster.

**3.** Læg rucolaen på et fad og pynt med salaten. Server straks.

*Bønner og kål*

*Bønner og Cavolo*

**Tilbereder 6 måltider**

*Server i stedet for pasta eller suppe eller som tilføjelse til flæskesteg eller kylling.*

2 ounce pancetta (4 tykke skiver), skåret i 1- til 2-tommer tykke strimler

2 spsk olivenolie

1 lille løg, hakket

2 fed hvidløg

1/4 spiseskefuld stødt rød peber

4 kopper hakket kål

1 kop hakkede friske eller dåsetomater

Salt

3 kopper kogte eller dåse cannellini bønner eller bær

**1.** I en stor stegepande steges pancettaen i olivenolie i 5 minutter. Tilsæt løg, hvidløg og peber og steg indtil løget er blødt, cirka 10 minutter.

**smelte**Tilsæt kål, tomater og salt efter smag. Reducer varmen og dæk gryden til. Bag i 20 minutter eller indtil kålen er mør. Tilsæt bønnerne og kog i yderligere 5 minutter. Serveres varm.

*Tomater og bønner i traditionel sauce*

*Fagioli all'Uccelletto*

**Tilbereder 8 måltider**

*Disse toscanske bønner er kogt som almindeligt fuglevildt med tomater, deraf deres italienske navn.*

1 kg tørrede cannellini eller bondebønner, vasket og tørret

Salt

2 nye badges

3 fed hvidløg

$1$1/4 kop olivenolie

3 store tomater, skrællede, frøet og finthakkede eller 2 kopper dåsetomater

1. Placer bønnerne i en stor skål med koldt vand til at dække med 2 inches. Stil dem i køleskabet til afkøling i 4 timer eller natten over.

**smelte**Dræn bønnerne og fyld en stor gryde med koldt vand til at dække med 1 tomme. Kog væsken. Dæk til og kog indtil bønnerne er møre, 1 1-2-2 timer. Tilsæt salt efter smag og stil til side i 10 minutter.

3.I en stor gryde steges skalotteløg og hvidløg i olien ved middel varme under omrøring med en ske, indtil hvidløgene er gyldenbrune, cirka 5 minutter. Tilsæt tomater.

**fire.**Hæld bønnerne i, behold væsken. Tilsæt bønnerne til saucen. Tilsæt bønnerne i gryden, tilsæt noget af den reserverede væske og kog i 10 minutter. Serveres lun eller ved stuetemperatur.

*ærteblomst*

*Cecil Zimino*

**Spiser 4-6 måltider**

*Dette solide måltid er godt alene, eller du kan tilføje kogt pasta eller ris, vand eller bouillon for at lave suppe.*

1 mellemstor løg, hakket

1 fed hvidløg, finthakket

4 spiseskefulde olivenolie

1 kilo smogo eller spinat, hakket og hakket

Salt og friskkværnet sort peber

3 1/2 kop kogte eller dåse kikærter, drænet

Ekstra jomfru oliven olie

1. I en mellemstor gryde, svits løg og hvidløg ved medium varme, indtil de er brune, 10 minutter. Smag til med salt og peber efter smag. Dæk til og kog i 15 minutter.

**smelte**Krydr kikærterne med lidt af kogevæsken eller vand samt salt og peber. Dæk til og kog i yderligere 30 minutter. Rør af og til og knus nogle af kikærterne med bagsiden af en ske. Hvis blandingen er for tør, tilsæt lidt mere væske.

**3.**Lad afkøle inden servering. Dryp evt med lidt olivenolie

*Bønner med krydrede grøntsager*

*Favorit og cikorie*

**Spiser 4-6 måltider**

*Tørrede bønner har en jordagtig og let bitter smag. Når du køber dem, skal du være opmærksom på typen af skal. De er lidt dyre, men klokker bør undgås. De koger også hurtigere med skindet på end bønner. Tørrede og afskallede korn kan findes på etniske markeder og naturlige fødevarebutikker.*

*Denne opskrift kommer fra Puglia, nærmest en nationalret. Du kan bruge krydrede grøntsager såsom radicchio, broccoli rabe, majroer eller grønkål. Jeg kan godt lide at tilføje en knivspids rød peber, når grøntsagerne er kogt, men det er usædvanligt.*

8 ounces tørre bønner, afskallede, skyllet og drænet

1 mellemkogt kartoffel, skrællet og skåret i 1-tommers stykker

Salt

1 kg radicchio eller grønkål, hakket

¹1/4 kop ekstra jomfru olivenolie

1 fed hvidløg, finthakket

malet rød peber pulver

1. Læg bønner og kartofler i en stor gryde. Tilføj koldt vand til at dække med 1-2 inches. Bring i kog og kog indtil bønnerne er meget bløde og alt vandet er absorberet.

**smelte**Tilsæt salt efter smag. Mos bønnerne med en ske eller kartoffelmoser. Tilsæt olie.

3. Hæld en gryde vand. Tilsæt grøntsager og salt efter smag. Kog i 5-10 minutter, indtil de er bløde, afhængigt af de forskellige grøntsager. Hæld vand godt.

**fire.**Tør gryden. Tilsæt olie, hvidløg og stødt rød peber. Kog over medium varme, indtil hvidløgene er gyldenbrune, cirka 2 minutter. Smag til med hakkede grøntsager og salt. Bland godt.

5. Fordel puréen på et serveringsfad. Læg på grøntsager. Dryp eventuelt mere olie over. Serveres varm eller varm.

*Friske bønner i romersk stil*

*Fave alla Romana*

**Laver 4 måltider**

Bønner med bælg er en vigtig forårsgrøntsag i det centrale og sydlige Italien. Rumænere kan lide at skrælle den og spise den rå med ung pecorino. Bønner tilberedes også med andre forårsgrøntsager som kikærter og artiskokker.

Hvis bønnerne er meget unge og møre, er der ingen grund til at skrælle det tynde skind, der dækker dem. Prøv at spise den ene med huden og den anden uden at bemærke, at den er øm.

Friske bønner har en helt anden smag og tekstur end tørrede bønner, så du skal ikke erstatte den ene med den anden. Hvis du ikke kan finde friske bønner, så kig efter frosne bønner, der sælges på de fleste markeder i Italien og Mellemøsten. Friske eller frosne limabønner fungerer også godt i denne opskrift.

1 lille løg, skåret i tynde skiver

4 ounce pancetta, skåret i tern

2 spsk olivenolie

4 pund friske lima bønner, afskallede (ca. 3 kopper)

Salt og friskkværnet sort peber

1 1/4 kop vand

1. I en mellemstor stegepande steges løg og pancetta i olivenolie ved middel varme i 10 minutter, eller indtil de er brune.

**smelte**Smag til med bønner, salt og peber efter smag. Tilsæt vand og reducer varmen. Dæk gryden til og kog i 5 minutter eller indtil bønnerne er møre.

3. Afdæk gryden og kog indtil bønnerne og pancettaen er let brunet, cirka 5 minutter. Serveres varm.

*Friske umbriske bønner*

Kontor

**Tilbereder 6 måltider**

*Bønnebælgerne skal være faste og kompakte, ikke krøllede eller bløde, hvilket indikerer deres alder. Jo mindre korn, jo blødere bønne. 1 pund friske bønner til 1 kop afskallede bønner.*

2½ pund friske afskallede lima bønner eller 2 kopper frosne lima bønner

1 pund chard, trimmet og skåret i 1-2 tommer strimler

1 hakket løg

1 mellemstor gulerod, hakket

1 stilk hakket selleri

1 1/4 kop olivenolie

1 tsk salt

friskkværnet sort peber

1 mellemmoden tomat, skrællet, kernet og skåret i tynde skiver

1.Bland alle ingredienser undtagen tomater i en mellemstor gryde. Lad det simre under omrøring af og til i 15 minutter, eller indtil bønnerne er møre. Tilsæt lidt vand, hvis grøntsagerne begynder at hænge sammen.

**smelte**Tilsæt tomater og kog i 5 minutter. Serveres varm.

*Broccoli med olivenolie og citron*

*Agrobroccoli*

**Tilbereder 6 måltider**

*Dette er den vigtigste måde at servere mange typer kogte grøntsager på i det sydlige Italien. De serveres altid ved stuetemperatur.*

1 1/2 pund broccoli

Salt

1 1/4 kop ekstra jomfru olivenolie

1-2 spsk frisk citronsaft

Citronskiver til pynt

1. Del broccolien i store buketter. Skær enderne af stilkene af. Fjern det hårde skind med en roterende grøntsagsskræller. Skær de tykke stilke i 1-2 tommer skiver.

**smelte**Hæld en gryde vand. Tilsæt broccoli og salt efter smag. Kog i 5-7 minutter, indtil broccolien er blød. Afdryp under koldt vand og afkøl let.

3.Bland broccoli med olie og citronsaft. Pynt med citronbåde. Serveres i roomservice.

*Broccoli i parma-stil*

*Broccoli alla Parmigiana*

**Laver 4 måltider**

*Til en forandring kan du kombinere denne ret med kål og broccoli.*

1½ pund broccoli

Salt

3 spiseskefulde usaltet smør

friskkværnet sort peber

½ kopper revet Parmigiano-Reggiano

1. Del broccolien i store buketter. Skær enderne af stilkene af. Fjern det hårde skind med en roterende grøntsagsskræller. Skær de tykke stilke i 1-2 tommer skiver.

**smelte** Hæld en gryde vand. Tilsæt broccoli og salt efter smag. Kog indtil broccolien er delvist kogt, cirka 5 minutter. Skyl med koldt vand og afkøl.

**3.**Sæt risten i midten af ovnen. Forvarm ovnen til 375 ° F. Smør en stor stegepande til at holde broccolien.

**fire.**Placer slik på den forberedte tallerken, og dæk dem let. Smør med smør og drys med peber. Drys ost på toppen.

**5.**Bages i 10 minutter eller indtil osten er smeltet og let brunet. Serveres varm.

*Broccoli Rabe med hvidløg og peberfrugter*

*Cime di havtaske med peperoncino*

**Laver 4 måltider**

*Når det kommer til at smage broccoli rabe, bliver det ikke meget bedre end denne opskrift. Denne ret kan også tilberedes med broccoli eller kål. Nogle versioner inkluderer ansjoser marineret i hvidløg og olie, eller prøv at tilføje en flok oliven for ekstra smag. Det er også et godt supplement til pasta.*

1 1/2 pund rapsbroccoli

Salt

3 spiseskefulde olivenolie

2 fed hvidløg, skåret i tynde skiver

malet rød peber pulver

1. Del broccoli rabe i buketter. Skær bunden af stilken af. Tildækning af grenene er obligatorisk. Skær den modsatte side af hver blomst i 2 eller 3 stykker.

**smelte**Hæld en gryde vand. Krydr broccoli rabe og salt efter smag. Kog indtil broccolien er mør, cirka 5 minutter. At klage.

3.Dræn gryden og tilsæt olie, hvidløg og rød peber. Kog over medium varme, indtil hvidløget er let brunet, cirka 2 minutter. Tilsæt broccoli og en knivspids salt. Bland godt. Dæk til og kog indtil de er møre, 3 minutter mere. Serveres lun eller ved stuetemperatur.

*broccoli*

## Kogt broccoli

**Laver 4 måltider**

*Broccolien i denne opskrift koges, indtil den er blød nok til at blive plukket med en gaffel. Server som tilbehør eller fordel med italienske brødcroutoner til crostini.*

1 1/2 pund broccoli

Salt

1 1/4 kop olivenolie

1 mellemstor løg, hakket

1 fed hvidløg, finthakket

4 tynde skiver importeret italiensk prosciutto, skåret på kryds og tværs i tynde strimler

1. Del broccolien i store buketter. Skær enderne af stilkene af. Fjern det hårde skind med en roterende grøntsagsskræller. Skær de tykke stilke i 1-2 tommer skiver.

**smelte**Hæld en gryde vand. Tilsæt broccoli og salt efter smag. Kog indtil broccolien er delvist kogt, cirka 5 minutter. Skyl med koldt vand og afkøl.

**3.**Dræn gryden og tilsæt olie, løg og hvidløg. Kog over medium varme, indtil de er gyldenbrune, cirka 10 minutter. Tilsæt broccoli. Dæk til og reducer varmen til lav. Kog indtil broccolien er mør, cirka 15 minutter.

**fire.**Mos broccolien med en kartoffelmoser eller en gaffel. Tilsæt prosciutto. Smag til med salt og peber. Serveres varm.

*Broccoli Rabe Bites*

*Morsi fra Cime di Rape*

**Laver 4 måltider**

*Suppen kan være en tyk suppe med pasta eller ris, eller en solid grøntsagssuppe som Puglia, som indeholder brødterninger. Selvom værtinden har skabt den af brødrester og en bid, smager den fantastisk som forret eller tilbehør til ribben eller svinekød.*

1 1/2 pund rapsbroccoli

3 fed hvidløg, skåret i tynde skiver

malet rød peber pulver

1/3 kopper olivenolie

4-6 skiver (1-2 tommer tykke) italiensk eller fransk brød, skåret i små stykker

1. Del broccoli rabe i buketter. Skær bunden af stilken af. Tildækning af grenene er obligatorisk. Skær hver blomst i 1-tommers stykker.

**smelte**Hæld en gryde vand. Krydr broccoli rabe og salt efter smag. Kog indtil broccolien er mør, cirka 5 minutter. At klage.

3. I en stor stegepande steges hvidløg og rød peber i olien i 1 minut. Tilsæt brødterninger og kog indtil brødet er let ristet, cirka 3 minutter.

**fire.**Tilsæt broccoli rabe og et nip salt. Kog i yderligere 5 minutter. Serveres varm.

*Broccoli Rabe med bacon og tomater*

*Moden Pomodori*

**Laver 4 måltider**

*I denne opskrift supplerer de kødfulde smag af pancetta, løg og tomat den dristige smag af broccoli rabe. Dette er endnu en af de retter, hvor du tilføjer noget varm pasta.*

1 1/2 pund rapsbroccoli

Salt

2 spsk olivenolie

2 tykke skiver, hakket

1 mellemstor løg, hakket

malet rød peber pulver

1 kop dåsetomater, hakket

2 spsk tør hvidvin eller vand

1. Del broccoli rabe i buketter. Skær bunden af stilken af. Tildækning af grenene er obligatorisk. Skær hver blomst i 1-tommers stykker.

**smelte**Hæld en gryde vand. Krydr broccoli rabe og salt efter smag. Kog indtil broccolien er mør, cirka 5 minutter. At klage.

3. Hæld olien i en stor skål. Tilsæt pancetta, løg og rød peber og kog over medium varme, indtil løget er gennemsigtigt, cirka 5 minutter. Tilsæt tomater, vin og en knivspids salt. Kog i yderligere 10 minutter eller indtil det er tyknet.

**fire.**Tilsæt broccoli rabe og kog indtil det er opvarmet, cirka 2 minutter. Serveres varm.

*Små grøntsagskager*

*Frittelle di Erbe di Campo*

**Tilbereder 8 måltider**

På Sicilien laves disse små grøntsagspandekager med krydrede vilde grøntsager. Du kan bruge broccoli, sennep, borage eller radicchio rabe. Disse små småkager spises normalt som en forret eller som supplement til en påskeret. De er varme eller ved stuetemperatur.

1 1/2 pund rapsbroccoli

Salt

4 store æg

2 spsk revet caciocavallo eller pecorino romano

Salt og friskkværnet sort peber

2 spsk olivenolie

1. Del broccoli rabe i buketter. Skær bunden af stilken af. Tildækning af grenene er obligatorisk. Skær hver blomst i 1-tommers stykker.

**smelte**Hæld en gryde vand. Krydr broccoli rabe og salt efter smag. Kog indtil broccolien er mør, cirka 5 minutter. At klage. Afkøl let og pres derefter vandet ud. Skær broccoli rabe.

3. I en stor skål blandes æg, ost, salt og peber efter smag. Tilføj grøntsager.

**fire.**Varm olien op i en stor gryde ved middel varme. Tag en slev af blandingen og kom den i gryden. Flad blandingen ud med en ske til små pandekager. Gentag med den resterende blanding. Steg kagerne på den ene side, indtil de er let brune, cirka 2 minutter, fjern dem derefter med en spatel og steg dem på den anden side, indtil de er let brune. Serveres lun eller ved stuetemperatur.

*stegt kål*

Kål blomster

**Laver 4 måltider**

*Prøv at servere den til en, der normalt ikke bryder sig om denne alsidige grøntsag med færdigkål, og du bliver helt sikkert omvendt. Den klæbrige ostetopping står i flot kontrast til den sarte kål. De kan serveres som en festforret eller som tilsætning til grillsuppe. For den bedste konsistens, server straks efter tilberedning.*

1 lille kål (ca. 1 kg)

Salt

1 kop tørt brød

3 store æg

$1_2$ kopper revet Parmigiano-Reggiano

friskkværnet sort peber

Vegetabilsk olie

Citronskiver

1.Skær kålen i 2-tommers buketter. Skær enderne af stilkene af. Skær de tykke stilke i 1-2 tommer skiver.

**smelte**Hæld en gryde vand. Tilsæt hvidløg og salt efter smag. Kog indtil kålen er mør, cirka 5 minutter. Skyl med koldt vand og afkøl.

3.Læg brødkrummerne i en lav skål. I en lille skål piskes æg, ost, salt og peber efter smag. Dyp kålskiverne i ægget og derefter i rasperne. Lad tørre på en metalrist i 15 minutter.

**fire.**Hæld olien i en stor, dyb stegepande til en dybde på 1-2 tommer. Varm æggeblandingen op i en gryde ved middel varme, indtil den tykner og koger. Beklæd imens en bageplade med køkkenrulle.

5.Efterlad nok kålstykker i fadet til at være behagelige at røre ved. Steg stykkerne til de er gyldne og sprøde, cirka 6 minutter. Dræn dejen på køkkenpapir. Gentag med den resterende kål.

6.Serveres lun med citronbåde.

*Kålpuré*

*Cavolfiore puré*

**Laver 4 måltider**

*Selvom de ligner almindelig kartoffelmos, er disse kartoffelmos lettere og mere velsmagende. En god variation med kartoffelmos, den kan endda serveres til et stort måltid.Blisterben.*

1 lille kål (ca. 1 kg)

3 mellemkogte kartofler, skrællet og udsat

Salt

1 spsk usaltet smør

2 spiseskefulde Parmigiano-Reggiano

friskkværnet sort peber

1. Skær kålen i 2-tommers buketter. Skær enderne af stilkene af. Skær de tykke stilke i 1-2 tommer skiver.

**smelte**For at opbevare alle grøntsagerne, i en stor gryde, kom kartoflerne sammen med 3 liter koldt vand og salt efter smag. Bring det i kog og lad det simre i 5 minutter.

**3.**Tilsæt kålen og kog indtil grøntsagerne er meget bløde, cirka 10 minutter. Dræn kål og kartofler. Bland med en el- eller håndmixer til det er glat. Pisk dem ikke for hårdt, ellers hænger kartoflerne sammen.

**fire.**Tilsæt smør, ost, salt og peber efter smag. Serveres varm.

*stegt kål*

*Cavolfiore al Forno*

**Spiser 4-6 måltider**

*Kål er mild og velsmagende, når den er stegt. Til en forandring, tilsæt kogt kål med lidt balsamicoeddike.*

1 mellemstor kål (ca. 11/2 pund)

1 1/4 kop olivenolie

Salt og friskkværnet sort peber

1. Skær kålen i 2-tommers buketter. Skær enderne af stilkene af. Skær de tykke stilke i 1-2 tommer skiver.

**smelte**Sæt risten i midten af ovnen. Forvarm ovnen til 350 ° F. Bland med olie og et godt nip salt og peber.

3. Bages af og til i 45 minutter eller indtil karryen er blød og let. Serveres varm.

*druknede*

Cavolfiore Stufato

**Spiser 4-6 måltider**

*Nogle mennesker siger, at grønkål er intetsigende, men jeg tror, at dens milde smag og cremede konsistens er den perfekte baggrund for krydrede ingredienser.*

1 mellemstor kål (ca. 1 1/2 pund)

3 spiseskefulde olivenolie

1 1/4 kop vand

2 fed hvidløg, skåret i tynde skiver

Salt

1 1/2 kop bløde sorte oliven, såsom Gaeta, trimmet og skåret i skiver

4 anioner, trimmet (valgfrit)

2 spsk hakket frisk persille

1. Skær kålen i 2-tommers buketter. Skær enderne af stilkene af. Skær de tykke stilke i 1-2 tommer skiver.

**smelte**Hæld gryden i en stor skål og tilsæt hvidløg. Kog ved middel varme, indtil kålen begynder at brune. Tilsæt vand, hvidløg og en knivspids salt. Dæk til og lad det simre, indtil sommerfuglen er gennemboret med en kniv, og vandet er fordampet, cirka 10 minutter.

3. Tilsæt oliven, ansjos og persille og bland godt. steg i yderligere 2 minutter under omrøring af og til. Serveres varm.

*Kål med persille og løg*

*Jeg er afhængig af trifolat*

**Spiser 4-6 måltider**

*Løg, hvidløg og persille i gryden giver smag til denne karry.*

1 mellemstor kål (ca. 1 1/2 pund)

2 spsk olivenolie

1 mellemstor løg, skåret i tynde skiver

2 fed hvidløg, finthakket

2 spsk vand

1 1/4 kop hakket frisk persille

Salt og friskkværnet sort peber

**1.** Skær kålen i 2-tommers buketter. Skær enderne af stilkene af. Fjern det hårde skind med en roterende grøntsagsskræller. Skær de tykke stilke i 1-2 tommer skiver.

**smelte**I en stor pande steges løg og hvidløg i olivenolie i 5 minutter, mens der røres af og til.

3. Tilsæt kål, vand, persille og salt og peber efter smag. Bland godt. Dæk gryden til og kog i yderligere 15 minutter, indtil kålen er blød. Serveres varm.

www.ingramcontent.com/pod-product-compliance
Lightning Source LLC
Chambersburg PA
CBHW050345120526
44590CB00015B/1572